Magda Krapp
Gerd Friederich

Schulleitung kompakt

Schule leiten und gestalten

Auer

Gedruckt auf umweltbewusst gefertigtem, chlorfrei gebleichtem und alterungsbeständigem Papier.

4. Auflage 2021
Nach den seit 2006 amtlich gültigen Regelungen der Rechtschreibung

Covergestaltung: sahneeis Grafikdesign, München
Umschlagfoto: harishmarnad – Fotolia
Illustrationen: Thorsten Trantow
Satz: fotosatz griesheim GmbH
Druck und Bindung: Korrekt Nyomdaipari Kft
ISBN 978-3-403-**07710**-7
www.auer-verlag.de

Inhaltsverzeichnis

Der Kranich

ist ein eleganter, schöner und wachsamer Vogel.

Er wird als Glücksbringer und Symbol der Klugheit angesehen und steht zugleich für ein langes Leben und für große Weisheit. Seine Eleganz fasziniert die Menschen seit frühester Zeit. Im alten Ägypten galt er als Sonnenvogel.

Der Kranichzug

vereint viele Kranichfamilien.

Die Vögel sammeln sich zu Tausenden und fliegen so geschickt in Formationen, dass der Luftwiderstand minimiert und der Kontakt innerhalb der Vogelschar erhalten bleibt. Dadurch können sich die Tiere während des Fluges verständigen, Rastzeiten vereinbaren oder auch bei Nacht ziehen.

1. Vorwort

Dieses Buch richtet sich an all jene, die schon eine Schule leiten, im Schulleitungsteam mitarbeiten oder sich um eine Schulleiterstelle bewerben wollen. Es wendet sich an Pädagogen und Pädagoginnen aller Schularten in Deutschland, Österreich und der Schweiz, denn Schulleitung ist, abgesehen von landesspezifischen rechtlichen Vorgaben, im Kern eine von Landesgrenzen unabhängige Führungsaufgabe, die Fingerspitzengefühl und Stehvermögen erfordert.
Vielleicht leiten Sie schon seit Jahr und Tag eine Schule. Vielleicht versehen Sie das Amt kommissarisch auf Zeit oder haben eben eine Schulleitung übernommen? Oder vielleicht spielen Sie mit dem Gedanken, sich um eine Schulleiterstelle zu bewerben. Sei's drum, Erfahrung mit der Schule haben Sie alle. Deshalb wollen wir mit Ihnen nicht über landes- und schulartspezifische Besonderheiten diskutieren, nicht über allgemeinpädagogische Grundsatzfragen philosophieren, nicht Führungstheorien durchhecheln und schon gar nicht über die gegenwärtigen schulpolitischen Auseinandersetzungen streiten. Vielmehr wollen wir uns auf das Praktische und Gestalterische im Schulleiteralltag konzentrieren und als bekannt voraussetzen, was unter Pädagogik, Schule, Unterricht und Erziehung zu verstehen ist.

Am Anfang dieses Buches standen Seminare, die wir über viele Jahre hindurch für angehende Schulleiterinnen und Schulleiter gestalteten. Neu bestellte Schulleiterinnen und Schulleiter kamen auf uns zu und suchten Anregungen, Tipps und Hilfe. Sei es, dass die jährliche Schulstatistik Fragen aufwarf, sei es, dass der Schuletat beim Schulträger einzureichen war oder pädagogische Konzepte zu entwickeln, Personalangelegenheiten zu besprechen oder Konflikte zu klären waren. Deshalb richteten wir auch Aussprachezirkel ein, um den Erfahrungs- und Meinungsaustausch zu fördern und wichtige Schulleitungsaufgaben gemeinsam zu besprechen. Unser Buch ist also aus der Praxis heraus entstanden. Und der Praxis soll es auch dienen. Deshalb hat es Lesebuchcharakter.
Weil das Recht, insbesondere das Schul- und Beamtenrecht, aufgrund der Kulturhoheit der Länder sehr unterschiedlich ist, lässt es sich weder kurz zusammenfassen, noch erschöpfend bearbeiten. Deshalb haben wir es weitgehend in diesem Buch ausgeklammert, wiewohl es ein wichtiger

Arbeitsbereich in jeder Schulleitung ist. Aber dazu gibt es ja spezifische Handreichungen von Ministerien, Verlagen und Lehrerverbänden.

Vor rund hundertfünfzig Jahren konnten sich die ersten Lehrerinnen in den Schulen behaupten, in denen bis dahin nur Männer als Lehrkräfte geduldet wurden. Die Lehrer fürchteten anfangs die Konkurrenz der Frauen und legten ihren Kolleginnen viele Steine in den Weg. Heute unterrichten mehr Frauen als Männer in den Schulen, insbesondere in den Grundschulen. Ohne Lehrerinnen könnte unser Schulwesen nicht mehr bestehen.

Leider kennt die deutsche Sprache keinen gemeinsamen Begriff für Schulleiterinnen und Schulleiter. Daraus ergeben sich sprachliche und stilistische Probleme. Wir hoffen, wir haben dennoch schwerfällige Satzkonstruktionen vermieden und den Text nicht über Gebühr aufgebläht.

2. Schulleitung – Herausforderung und Chance

Gerd Friederich: Auf zu neuen Zielen. Pastellkreiden

Verbringe die Zeit nicht
mit der Suche nach einem Hindernis,
vielleicht ist keins da.
(Franz Kafka)

Die Radlerin auf dem Bild fährt durch eine vertraute Landschaft. Alles grünt und blüht. Laue Lüfte säuseln in den Bäumen. Die Vögel singen, die Schmetterlinge gaukeln von Blüte zu Blüte. Das ermutigt die Frau auf dem Rad, eine Route zu wählen, die über der Horizontlinie zu enden scheint. Diese Höhendifferenz reizt sie. Franz Kafkas Gedanken hat sie im Rucksack. Sie weiß, dass sie sich nicht verirren kann, weil die Straße den Weg vorgibt. Sie weiß auch, dass sie sich keine Sorgen machen muss. Sollte sie eine finstere Stelle passieren, wäre sie nicht allein. Andere haben diesen Weg auch schon gemeistert. Sie wird heil ankommen. Alles wird gut!

Schule leiten und gestalten, das ist eine anspruchsvolle Aufgabe. Insbesondere, wenn man Dinge tun muss, die man noch nie getan hat. Zweifel kommen auf. Schaffe ich das? Bringe ich genügend Rüstzeug für diese Aufgabe mit? Habe ich die Kraft, das durchzustehen? Anders als früher werden neuerdings genügend Vorbereitungs- und Begleitkurse bei Übernahme einer Schulleitung angeboten. Auch ist diese Tätigkeit inzwischen gut mit der Familie vereinbar. In Zweifelsfällen fragen Sie bitte nach.
Glauben Sie an sich selbst und an ihre eigenen Fähigkeiten. Nichts ist unmöglich. Man muss nur wollen. Das ist das Geheimnis des Könnens: das Wollen. Eine Schule leiten ist für jeden Pädagogen eine einmalige Chance, eigene Ideen zu verwirklichen.

Nichts ist unmöglich; es gibt Wege,
die aus jeder Situation führen,
und wenn unser Wille stark genug ist,
werden wir immer die notwendigen Mittel finden.
Es ist oft lediglich eine Ausrede,
wenn wir sagen, Dinge seien unmöglich.
(François de La Rochefoucauld)

Das ist das Geheimnis des Könnens: das Wollen!

3. Schulleitung – eine Führungsaufgabe

3.1 Schulleitung, eine Führungs- und Gestaltungsaufgabe

Das Verb „leiten“ ist sinnverwandt mit „geleiten, lenken, führen“ und meint, man müsse „jemanden zur Fortbewegung veranlassen“. Wer sich an die Spitze einer Gruppe von Menschen stellt, etwas in Bewegung bringt, der gilt seit Alters her als Leiter bzw. Leiterin. Hingegen meint das Wort „lenken“ wörtlich: „in eine bestimmte Richtung bewegen, steuern“. Im Wort „Gelenk“ ist diese ursprüngliche Wortbedeutung noch sehr gut erkennbar: Das ist jene Stelle, an der jemand abbiegt und einer anderen Richtung folgt. Am Umfassendsten ist das Wort „führen“; es hat drei Bedeutungen:

- Erstens etwas oder jemand lenken, den Weg weisen, die Richtung angeben.
- Zweitens eine Gruppe anführen, ihr vorangehen.
- Drittens, als Konsequenz aus erstens und zweitens, die Rolle des Vorangehens annehmen, Chefin oder Chef sein.

Durch Leitung bringt man etwas in Bewegung; durch Lenkung bringt man eine Richtung in die Bewegung – ein sehr komplexer Vorgang. Durch Führung leitet, lenkt, entwickelt und gestaltet man etwas auf ein Ziel hin. Führung fasst also die Leitungs- und Lenkungsaufgaben zusammen. „Führung“ wird im deutschen Sprachraum gebraucht vor allem bei Wettbewerben, insbesondere im Sport („sie geht in Führung“: sie erkämpft sich eine bessere Position), in der Technik (Geradführung von Getrieben, Führung von Werkzeugen: eine Handhabung beschreiben), in der Wirtschaft (vgl. „Führungsakademie, Führungskräfte, Marktführer“), in der Gesellschaft (z. B. jemandem ein Führungszeugnis ausstellen), in der Pädagogik und Psychologie („Führungsstil“: Verhaltenslenkung, Vorgehensweise; „Führen und Wachsenlassen“) und beim Militär (Führung = Kommando). In der Politik bildete sich, leider und besonders auch in Deutschland, gestützt auf den militärischen Sprachgebrauch, das antidemokratische „Führerprinzip“ heraus, das unbedingte Amtsautorität nach unten und unbedingten Gehorsam nach oben befahl.

Die Wörter „führen“, „Führung“ und vor allem „Führer“ sind durch den Naziterror belastet. Dennoch sind sie in keiner Sprache verzichtbar. Man muss nur aufpassen, dass man sie in der Pädagogik feinfühlig setzt und jede Form militärischer Subordination und Gewaltverherrlichung meidet.

Führen ist kein Selbstzweck. Es ist, wie schon angedeutet, auf ein Ziel hin gerichtet. Und es schließt immer auch den Weg zum Ziel mit ein. Diesen Weg gilt es ordentlich vorzubereiten. Üblicherweise setzt man sich nicht in irgendeinen Zug, wenn man verreist. Auch überlässt man es nicht dem Zufall, an welchem Ort man seinen Urlaub verbringt. Nein, man arrangiert die Reise, wählt das Ziel aus, kalkuliert Aufwand und Preis, trifft Vorkehrungen, informiert seine Reisegenossen, macht Besorgungen, legt die Route fest und packt.

Genau das tun Sie auch, wenn Sie Chefin oder Chef sind. Entwerfen, vorbereiten, entscheiden. Wer der Mannschaft vorangeht, muss die Mannschaft breit informieren und stark motivieren, bei Laune halten und anspornen. Und weil man in einer Reisegruppe nicht vorn und hinten zugleich sein kann, muss man bestimmte Aufgaben den Mitarbeitern anvertrauen.
Alle diese Tätigkeiten kann man mit dem Wort „gestalten" zusammenfassen. Als Schulleiterin oder Schulleiter nehmen Sie eine Führungsaufgabe wahr, die im Kern immer eine Gestaltungsaufgabe ist.

> **Zusammenfassung**
> *Als Schulleiter/in verfolgen Sie ein Ziel (inhaltliche Seite). Denn ohne Ziel kommt man nirgendwo an, sondern mäandriert im Kreis.*
> *Als Schulleiter/in müssen Sie die auf dem Weg zum anvisierten Ziel anstehenden Aufgaben auf Ihre Mitarbeiterinnen und Mitarbeiter verteilen (strategische Seite). Denn wer alles allein machen will, braucht keine Mitstreiter. Wer alles besser weiß, braucht auch keine Ratschläge.*
> *Als Schulleiter/in müssen Sie Ihre Mitstreiter jeden Tag aufs Neue motivieren und dürfen das Ziel dennoch nicht aus den Augen verlieren – auch dann nicht, wenn persönliche Sorgen und Nöte Sie belasten und sachliche Zweifel und Ängste Sie irritieren (psychologische Seite). Denn jeder Mensch, auch der erwachsene, braucht Hoffnung, Zuwendung und Anerkennung. Sogar Sie als Chef oder Chefin.*

3.2 Eine Schule führen – das kann man lernen

Gleichgültig, ob man eine Weltfirma leitet, einen Mittelstandsbetrieb lenkt oder einer öffentlichen Einrichtung wie der Schule vorsteht, die Aufgabe ist im Kern immer dieselbe. Man darf nicht verzagt im stillen Kämmerchen sitzen, sondern muss vorangehen und gestalten. Mit einem Satz: **Man muss führen wollen.**

Im Prinzip ist die Führung einer Firma identisch mit der Leitung einer Schule. Warum, werden Sie fragen, dann ein eigenes Buch für derzeitige oder künftige Schulleiterinnen und Schulleiter? Nun, Ziel, Strategie und Psychologie des Führens sind zwar im Wesentlichen unabhängig vom Berufszweig. Aber die Schule ist eben doch ein ganz besonderer Arbeitsplatz mit ganz spezifischen Rahmenbedingungen. Vor allem aber ist die Schule ein Ort der Pädagogik. Hier arbeiten Kinder und Jugendliche, betreut von qualifizierten Fachkräften, die fast alle die gleiche Ausbildung haben. Die Schülerinnen und Schüler werden nach Plan unterwiesen, denn genau das unterscheidet ja die schulische Bildung von der häuslichen Erziehung. Dieser Plan soll der Lebensertüchtigung der jungen Menschen dienen. Er ist den Lehrerinnen und Lehrern durch Gesetz auferlegt. Nur die Schule muss solche Bedingungen erfüllen. Den Schulleiter, die Schulleiterin hat man schon in mancherlei Metaphern dargestellt: als Brückenbauer, Gärtner, Spielführer einer Sportmannschaft, Baumeister oder Bergführer. Uns ist das Bild von der Reiseleitung am liebsten, nicht nur weil wir es passend finden, sondern auch deshalb, weil es ja schon im Wort „leiten“ hinterlegt ist. So wie ein Reiseleiter das Ziel im Kopf haben muss, bevor er auf die Reise geht, so müssen auch Sie als Schulleiter/in wissen, wohin Sie Ihre Schule führen wollen. So wie der Reiseleiter jeden Morgen die Mitreisenden ermuntern und darauf achten muss, dass die Reisegesellschaft die Tagesetappe bewältigen kann, so müssen Sie als Schulleiter/in Ihr Kollegium so umsichtig führen (und belasten), dass es den Schulalltag bewältigen und dennoch neue Ziele angehen kann. So wie eine Reiseleiterin jede Teilnehmerin und jeden Teilnehmer der Reise gerecht und zuvorkommend behandeln muss, so müssen auch Sie Ihren Lehrern, Schülern und Eltern Respekt zollen und Wertschätzung zeigen. So wenig wie man zur Reiseleitung geboren wird, so wenig wird man für Schulleitungsaufgaben geboren. Es gibt nicht bestimmte Gene, die man auf unserem menschlichen Chromosomensatz als Führungsmerkmale identifizieren kann. Diejenigen leiten und führen gut, die gelernt haben, sich ganz ihrer Aufgabe zuzuwenden, ohne regelmäßige Phasen der Erholung und des körperlichen und geistig-seelischen Ausgleichs auszulassen. Diejenigen haben Erfolg, die es gelernt haben, eigene Stärken und Schwächen selbst zu erkennen und einzuräumen. Nur wer gelernt hat, die *eigenen* Stärken und die *aller* Mitarbeiterinnen und Mitarbeiter zur Grundlage für die gemeinsame Arbeit zu machen *(gemeinsam ist man stark),* der kann weit gesteckte Ziele erreichen und gute Arbeit leisten.

Zusammenfassung

Führen ist eine verantwortungsvolle Aufgabe. Sie fordert Sie als ganze Person. Aber Führen kann man lernen.

3.3 Führen heißt, die eigene Persönlichkeit voll zur Geltung bringen

Ihre Vitalität steckt die ganze Mannschaft an. Ihr Optimismus überträgt sich auf die ganze Reisegruppe, spornt sie an und beflügelt sie. Ihr Pessimismus hingegen hemmt und lähmt.

Deshalb ist es wichtig für Sie und Ihren Erfolg, dass Sie

- Ihre Stärken und Schwächen kennen,
- Ihren Optimismus nicht verlieren,
- alles tun, damit Sie körperlich, geistig und seelisch gesund bleiben, und
- zu Ihren Mitarbeiterinnen und Mitarbeitern eine Vertrauensbasis finden.

Wenn Sie Ihre Schwächen kennen und sich diese ehrlich eingestehen, dann können Sie Kolleginnen und Kollegen mit den Aufgaben betrauen, die Ihnen nicht so leicht von der Hand gehen. Die eigene Persönlichkeit zur Geltung bringen, das heißt auch, Erfahrungen anderer aufgreifen. Aber nur das, was Ihrer Persönlichkeit entspricht, sollten Sie tun. Folgen Sie nicht blind irgendeinem Vorbild. Verhalten Sie sich nicht so, wie das manche Zeitgenossen von Ihnen erwarten. Stellen Sie sich vor, es hat geschneit. Neuschnee deckt Täler und Berghänge zu. Auf einem bergan führenden Weg sieht man die einsamen Fußspuren eines Wanderers. Jemand fordert Sie auf: „Gehen Sie diesen Spuren nach, aber so, dass man nicht sieht, dass da zwei Personen spaziert sind." Sie geben sich größte Mühe. Bei den ersten zwei, drei Schritten gelingt es Ihnen, in den Fußstapfen des Vorgängers zu bleiben. Aber schon nach wenigen Metern entsteht eine doppelte Fußspur. Schrittlänge, Körpergewicht und Schuhform verursachen sie. Man kann sich nicht verbiegen oder gar verleugnen. Und man darf es auch nicht. Niemand darf von Ihnen erwarten, dass Sie so handeln wie Ihr Vorgänger. Der Sinn und Zweck eines Amtswechsels ist es doch gerade, einerseits das Bewährte zu erhalten, aber andererseits auch die Schule für Neues zu öffnen. Also verleugnen Sie Ihre Persönlichkeit nicht und weisen Sie Erwartungen, alles müsse so bleiben wie bisher oder wie das andere von Ihnen erwarten, feinfühlig im Ton, aber bestimmt in Haltung und Handlung zurück.

Zusammenfassung
Besinnen Sie sich auf Ihre Stärken. Bringen Sie Ihre Stärken voll zur Geltung. Stehen Sie zu Ihren Schwächen und arbeiten Sie an diesen. Das macht Sie als Führungskraft glaubwürdig und authentisch.

3.4 Schulleitung ist nicht Schulleitung

Laut DESTATIS (Statistisches Bundesamt der Bundesrepublik Deutschland) gab es in Deutschland im Schuljahr 2016/2017 rund 33493 allgemeinbildende Schulen. Dies waren 8 Prozent beziehungsweise 2 800 Schulen weniger als zehn Jahre davor. Betroffen von den Schließungen waren primär die Hauptschulen (45 Prozent), die Realschulen (30 Prozent) und die Förderschulen (14 Prozent). Einen Zuwachs konnten hingegen die Integrierten Gesamtschulen (verdreifacht), die Schularten mit mehreren Bildungsgängen (40 Prozent) und die Freien Waldorfschulen (16 Prozent) verzeichnen.

Im Sommer 2017 wurden gezählt:

Schulen in Deutschland	**44128**
Allgemeinbildende Schulen insgesamt	**33493**
Davon:	
Grundschulen	15465
Gymnasien	3110
Förderschulen	2913
Hauptschulen	2625
Realschulen	2070
Integrierte Gesamtschulen	2058
Schularten mit mehreren Bildungsgängen	1849
Schulartunabhängige Orientierungsstufen	1053
Freie Waldorfschulen	223
Sonstige Schulformen	1573
Keine Zuordnung zu einer Schulart möglich	554
Berufliche Schulen insgesamt	8829
Schulen des Gesundheitswesens	1806
Schulen in Österreich	5713
Schulen in der Schweiz (ohne Vorschule/Eingangsstufe)	6962

Wir können also davon ausgehen, dass es in Deutschland, Österreich und der Schweiz gegenwärtig insgesamt rund 67 000 Schulleiterinnen und Schulleiter gibt. Davon leiten in Deutschland rund 35 Prozent eine Grundschule. Betrachtet man nur die allgemeinbildenden Schulen, sind es sogar über 46 Prozent. Grundschulen sind wohnortnah und in der Regel eher klein. Gymnasien und Berufliche Schulen dagegen liegen zentral und sind eher groß. So werden an den Gymnasien durchschnittlich 720 Schülerinnen und Schüler je Schule unterrichtet, an den Integrierten Gesamtschulen etwa 460 und an den Grundschulen etwa 180 Kinder. Augenblicklich sind 73 Prozent der Lehrkräfte an allgemeinbildenden Schulen weiblich. Bei den teilzeitbeschäftigten Lehrkräften sind es sogar 88 Prozent. Neun von zehn Lehrkräften an Grundschulen sind Frauen. Die Frauenanteile am Lehrpersonal der anderen Schularten sind geringer; am geringsten an den Gymnasien und den Beruflichen Schulen.

Zusammenfassung

Schulleitung ist also nicht Schulleitung. Das Spektrum reicht von der Kleinstschule mit zwei bis vier Klassen und drei bis sechs Lehrern bis hin zu Großbetrieben (insbesondere Berufsschulzentren) mit tausenden Schülern und weit über hundert Lehrern. Auftrag, Alltag und Erscheinungsbild einer Schulleitung sind folglich sehr unterschiedlich. Wer eine Kleinstschule führt, ist alles zugleich: Chefin, Sekretärin, Hausmeisterin, Lehrerin, Seelentrösterin für alle Kinder und Ansprechpartnerin für alle Eltern. Wer einen Großbetrieb leitet, sitzt wie ein Konzernchef in seinem Büro, umgeben von mehreren Stellvertretern oder Abteilungsleitern, Sekretärinnen und Hausmeistern und hat alle Hände voll zu tun, den Überblick über alle Abteilungen und Arbeiten in seinem Betrieb zu behalten.

3.5 Willkommen in der Grünstiftgilde

Ist Ihnen schon einmal aufgefallen, dass in vielen Institutionen und Firmen geregelt ist, mit welcher Farbe der Chef bzw. die Chefin schreibt? Haben Sie schon beobachtet, dass bestimmte Farben für die Leitungsebenen reserviert sind? Das ist deshalb so, damit man betriebsintern erkennen kann, wer da etwas an den Rand eines Schriftstücks geschrieben hat oder wer etwas in bestimmter Weise erledigt haben will. Meistens benutzen die Führenden einen Grünstift. Grün ist nämlich die Farbe der Hoffnung und Zuversicht. Weltumspannend ist diese Farbe ein Zeichen für das Kommende und für das Positive. In der Flaggenlehre steht das grüne Tuch für Fruchtbarkeit und Wohlstand eines Landes, für üppige Vegetation und große Wälder, für Freiheit und Zukunftshoffnung (in den europäischen Ländern) und für das kommende Paradies (in den islamischen Ländern).

So wie in der Farbsymbolik das Grün den Blick nach vorn auf eine verheißungsvolle und friedliche Zukunft richten will, so steht das Rot für Tapferkeit und Blut, für Treue und Korrektur.
Wer grün schreibt, der will ausdrücken, dass er sich um die wichtigen, die entscheidenden Dinge kümmert, um die zukunftsträchtigen Vorhaben. Wer grün schreibt, der zeigt auch, dass er sich nicht um alles selbst kümmern will. Bekennen Sie sich als Schulleiterin oder Schulleiter zur Grünstiftgilde. Zeichnen Sie in Ihrer Schule interne Schriftstücke mit einem grünen Stift ab, insbesondere an großen Schulen, wo man nicht jedem Lehrer und jeder Lehrerin alles persönlich erklären kann. Dann weiß jede Mitarbeiterin und jeder Mitarbeiter: Das hat die Chefin bzw. der Chef entschieden oder zumindest zur Kenntnis genommen. Dann werden auch Sie immer wieder daran erinnert, dass Sie sich nicht um jede Kleinigkeit zu kümmern haben. Weisen Sie Ihrem Stellvertreter bzw. Ihrer Stellvertreterin die rote Farbe zu. Rot schreiben die Manager, die Details regeln müssen und möglichst fehlerfrei ausführen sollen.
Übrigens ist es für jeden Führenden sehr hilfreich, immer wieder anderen Mitgliedern der Grünstiftgilde bei der Arbeit zuzuschauen. Gönnen Sie sich deshalb kurze Auszeiten und beobachten Sie andere Schulleiterinnen und Schulleiter oder Firmenchefs. Ihre vorgesetzte Dienststelle wird Sie, wenn Sie solche Beobachtungstage einlegen wollen, ganz gewiss unterstützen, denn das kommt Ihrer Führungskompetenz zugute.

Zusammenfassung

Bekennen Sie sich als Führungskraft zur Grünstiftgilde. Als Schulleiter/in müssen Sie sich nicht um alles kümmern. Bemühen Sie sich vielmehr um die wichtigen, entscheidenden Dinge und die zukunftsträchtigen Vorhaben.

4. Wie wird man Schulleiterin bzw. Schulleiter?

Wir haben in diesem Kapitel das baden-württembergische Verfahren ausführlich dargestellt, damit Bewerberinnen und Bewerber aus anderen Bundesländern einen Vergleichsmaßstab haben und gezielt die Praxis in ihrem Bundesland erfragen können.

4.1 Anforderungsprofil

Eine Schule leiten, das ist eine schöne Aufgabe. In den zurückliegenden Jahren haben sich jedoch die Anforderungen, die heute an Schulleitungen gestellt werden, deutlich verändert und vermehrt. Heute spricht man zunehmend von einem eigenständigen Berufsbild Schulleitung. Die Erwartungen an angehende Schulleiter/innen sind groß. So werden neben ausgeprägten Kenntnissen und Fähigkeiten in Pädagogik, Fachwissenschaft und Fachdidaktik auch ein breites Spektrum an Kompetenzen zur Leitung und Gestaltung einer Schule erwartet.
Deshalb ist man in nahezu allen Bundesländern dazu übergegangen, Anforderungsprofile für Schulleitungen zu entwickeln, die sich allerdings im Detail von Land zu Land merklich unterscheiden. Diese Anforderungsprofile wollen zum einen die Anforderungen an Schulleiterinnen und Schulleiter transparent machen. Zum anderen sind sie Grundlage für eine gezielte Personalauswahl. Darüber hinaus geben sie allen, die an einer Schulleitung interessiert sind, Orientierung. Sie zeigen ihnen an, ob sie sich die Aufgabe zutrauen, und weisen sie darauf hin, in welchen Bereichen sie sich noch weiterentwickeln müssen.

In Baden-Württemberg hat man ein generelles Anforderungsprofil für Schulleiterinnen und Schulleiter entworfen, das für alle Schularten gleichermaßen gilt. Bezüglich der Einzelschule, sei es eine große Berufliche Schule, ein Gymnasium, eine Realschule, eine Hauptschule, eine Gemeinschaftsschule, eine Förderschule oder eine kleine Grundschule mit zwei jahrgangsgemischten Klassen, bedürfen die allgemeinen Formulierungen daher der Konkretisierung. Das baden-württembergische Anforderungsprofil für Schulleiterinnen und Schulleiter ist gegliedert in *Handlungsfelder, Tätigkeiten* und *Kompetenzen,* die wie folgt beschrieben werden.

Handlungsfelder:
Darunter versteht man alle Aufgaben, die in der Schule insgesamt anfallen, sowohl im innerschulischen Arbeitsablauf als auch in Beziehung zu außerschulischen Partnern wie Eltern, Gemeinde, Schulverwaltung oder Vereine, Verbände und Betriebe. Diese Aufgaben fasst man üblicherweise in die folgenden Hauptfelder zusammen: *Lernen und Lehren, Personal, Schule als Organisation und schulische Kooperationspartner.* Als Schulleiterin oder Schulleiter hat man im Schulalltag auf allen vier Feldern zu tun.

Tätigkeiten:
Während die Handlungsfelder auflisten, **wo** Schulleiterinnen und Schulleiter beschäftigt sind, beschreiben die Tätigkeiten, **was** sie auf diesen Feldern zu tun haben. Typische Tätigkeiten sind je nach Handlungsfeld und Situation: steuern, initiieren, motivieren, innovieren, informieren, kommunizieren, repräsentieren, planen, organisieren, verwalten, kooperieren, delegieren, instruieren, Lernzeit gestalten, beraten, beurteilen usw.

Kompetenzen:
Sie beschreiben, **wie** man handeln sollte, stellen also all jene Fähigkeiten und Fertigkeiten dar, die für das Handeln von Schulleiterinnen und Schulleitern von großer Bedeutung sind und in ihrer *Gesamtheit als Führungskompetenz* bezeichnet werden. Im Einzelnen sind das:

Sachkompetenz: Fachkompetenz (Pädagogik, Didaktik und Methodik), Normenkompetenz (Werte, Gesetze, sonstige Regelungen), bildungspolitische Kompetenz (zentrale bildungspolitische Ziele und Inhalte), Managementkompetenz (Führungstheorie und -konzepte, Qualitätsmanagement), Systemkompetenz (Unterstützungssystem, außerschulische Partner, schulische Kooperationspartner), Diversitätskompetenz, Arbeitsmethodenkompetenz.

Sozialkompetenz: Kommunikations-, Konflikt- und Kritikkompetenz, Innovations- und Veränderungskompetenz, Motivationskompetenz, Teamkompetenz, Rollenkompetenz, Diversitätskompetenz, Integrationskompetenz, Repräsentationskompetenz.

Personalkompetenz: Selbststeuerungskompetenz, Selbstreflexionskompetenz, Selbstorganisationskompetenz, Ambiguitätskompetenz.

Diese Kompetenzen werden in den Kompetenzbeschreibungen näher erläutert. Sie sind, wie das Anforderungsprofil auch, im baden-württembergischen Kultusportal einsehbar unter: https://km-bw.de/,Lde/startseite/schule/Anforderungsprofil+Schulleitungen
https://km-bw.de/site/pbs-bw-km-root/get/documents_E1572072801/KULTUS.Dachmandant/KULTUS/KM-Homepage/Artikelseiten%20KP-KM/Informationen%20für%20.../Kompetenzbeschreibungen%20AP%20SL.pdf.

Aber Achtung, das ist eine idealtypische Beschreibung, die in ihrer Gesamtheit kein Mensch erfüllen kann. Also bitte nicht die Hände über dem Kopf zusammenschlagen und keinesfalls resignieren. Nehmen Sie vielmehr zur Kenntnis, dass in der Schulleitung vielfältige Aufgaben auf Sie warten, die Sie gewiss auch herausfordern. Dafür wird es Ihnen aber auch nie langweilig. Die Arbeit ist schön und überaus reizvoll. Sie bietet ein Höchstmaß an Gestaltungsspielraum, wie kaum eine andere Aufgabe im pädagogischen Bereich.

4.2 Auswahlverfahren

In Baden-Württemberg dient das generelle Anforderungsprofil im Sinne der Bestenauslese als Grundlage und Maßstab für die Auswahl von Schulleiterinnen und Schulleitern. Dabei spielt die Art und die Größe der Schule zunächst keine Rolle. Vielmehr wird der festgelegte Verfahrensablauf für alle Auswahlverfahren landesweit in gleicher Weise angewandt und durchgeführt.

Soll eine Stelle ausgeschrieben werden, stimmen zunächst Schule, Schulträger und Schulaufsicht einen sogenannten erweiterten Ausschreibungstext untereinander ab. In diesem werden die Gegebenheiten, Besonderheiten und die anstehenden Entwicklungsaufgaben der Schule beschrieben. Der **erweiterte Ausschreibungstext** ist Teil der Ausschreibung und steht im Internet unter: www.lehrer-online-bw.de.
Die Stellenausschreibung wird im Amtsblatt „Kultus und Unterricht" veröffentlicht. Damit ist das Stellenbesetzungsverfahren eingeleitet. Bis zur endgültigen Besetzung der ausgeschriebenen Funktionsstelle sind folgende Schritte notwendig:

- Die Bewerber geben ihre Bewerbung fristgerecht auf dem Dienstweg ab.
- Der Vorgesetzte der Bewerber erstellt eine **Anlassbeurteilung.**

- Die obere Schulaufsichtsbehörde (Regierungspräsidium) fertigt eine Bewerberübersicht an und bildet eine vierköpfige Auswahlkommission, der zwei Vertreter der Schulaufsicht sowie je ein Vertreter des Schulträgers und der Schulkonferenz angehören. Die Vertreter des Schulträgers und der Schulkonferenz sind am Überprüfungsverfahren als Beobachter beteiligt, können ihre Einschätzung einfließen lassen und haben Stimmrecht in der Auswahlkommission, wenn darüber entschieden wird, mit wem die Stelle besetzt werden soll. Sie sind zur Verschwiegenheit verpflichtet.
- Die/der zuständige Beauftragte für Chancengleichheit und die Schwerbehindertenvertretung erhalten die Bewerberübersicht zur Information.
- Die Schulaufsicht teilt den Bewerbern schriftlich mit, wo, wann und wie das Überprüfungsverfahren durchgeführt wird. Die Reihenfolge der Überprüfungsmaßnahmen ist beliebig.
- Im Beisein der Auswahlkommission beobachten die Bewerber eine Unterrichtsstunde in einem nicht studierten Fach. Direkt im Anschluss an die Stunde erfolgt die **Unterrichtsanalyse mit Beratung.** Das heißt, die Bewerber bereiten sich 20 Minuten vor und führen dann nacheinander mit der unterrichtenden Lehrkraft ein Beratungsgespräch von etwa 30 Minuten. Sie beraten die Lehrkraft so, als wären sie schon Schulleiter/in. Dabei wird erwartet, dass sie sich bei der Beratung an den Kriterien für guten Unterricht orientieren. Danach (die Lehrkraft ist nicht mehr anwesend) nehmen sie gegenüber der Kommission Stellung zu ihrem Beratungsgespräch, bewerten den gesehenen Unterricht mit einer Ziffernnote und begründen diese.
- **Mediengestützte Präsentation.** Sie dauert 10 Minuten. Die Bewerber erhalten eine Aufgabenstellung, beispielsweise soll sich die Schule zu einer Ganztagsschule weiterentwickeln oder neue Formen der Leistungsrückmeldung sollen eingeführt werden. Die Zielgruppe, vor der die Präsentation zu halten ist, wird ebenfalls benannt. Dies kann vor dem Lehrerkollegium im Rahmen einer Gesamtlehrerkonferenz, vor dem Elternbeirat oder vor dem Gemeinderat sein. Zur Visualisierung stehen in der Regel Flipchart, Moderationskoffer und Stellwände zur Verfügung. Die Vorbereitungszeit beträgt 15 Minuten. Anschließend sollen die Bewerber in die Rolle des Schulleiters schlüpfen und die Präsentation vortragen.
- Das sich anschließende **strukturierte Interview** dauert 45 Minuten. Neben den vier Handlungsfeldern können auch der erweiterte Ausschreibungstext, Fragen zur Motivation der Bewerber sowie deren individuelles Kompetenzprofil zum Gegenstand des Gesprächs werden.

- Dann bearbeiten die Bewerber eine **schwierige schulische Alltagssituation** in Form eines Rollenspiels oder einer Fallanalyse. Der Sachverhalt, den sie zu bearbeiten haben, wird schriftlich vorgelegt. Zum Beispiel: Eltern beschweren sich beim Schulleiter darüber, dass grundsätzlich zu viel Unterricht ausfällt, die Mathematiknote im Zeugnis ungerechtfertigt ist oder wehren sich vehement gegen den drohenden Schulausschluss. Oder zum Beispiel: Ein Kollege ist mit der Gestaltung seines Stundenplans unzufrieden, da zu viele Freistunden ausgewiesen sind. Die Bewerber erhalten 15 Minuten Vorbereitungszeit, um den Fall zu studieren und eine Strategie zu überlegen. Rollenspiel oder Fallanalyse dauern jeweils 15 Minuten.
- Die von den Bewerbern im Überprüfungsverfahren erbrachten Leistungen werden von den Vertretern der Schulaufsicht verschriftlicht und jeweils zusammenfassend folgendermaßen bewertet: „Anforderungen hervorragend erfüllt", „Anforderungen gut erfüllt", „Anforderungen im wesentlichen erfüllt", „Anforderungen nicht erfüllt".

Nach Abschluss des Überprüfungsverfahrens werden den Bewerbern zu gegebener Zeit die Ergebnisse durch die Schulaufsichtsbehörde bekanntgegeben. Die Mitglieder der Auswahlkommission entscheiden dann mehrheitlich über einen Besetzungsvorschlag an die Gremien. Die obere Schulaufsichtsbehörde leitet die Bewerberübersicht und den Besetzungsvorschlag der Schulkonferenz und dem Schulträger zur Mitwirkung zu. Die Gremien nehmen zum Besetzungsvorschlag Stellung. Nachdem die Stellungnahmen eingegangen sind, verfasst die obere Schulaufsichtsbehörde einen Abwägungsvermerk und entscheidet über die Besetzung der Stelle. Die/der Beauftragte für Chancengleichheit, die Schwerbehindertenvertretung und der Personalrat erhalten eine Bewerberübersicht zur Information.
Das Auswahlverfahren erstreckt sich in Baden-Württemberg über Monate hinweg, von der Ausschreibung der Funktionsstelle im Amtsblatt bis zur endgültigen Besetzung. Das kann für die Bewerberinnen und Bewerber belastend sein. Doch kann man nach aller Erfahrung die Zeit auch nutzen, um sich gezielt auf das Überprüfungsverfahren und die neue Aufgabe vorzubereiten.

4.3 Gibt es die ideale Führungskraft?

Betrachtet man die im Anforderungsprofil aufgelisteten Tätigkeiten und Kompetenzen, dann stellt sich die Frage nach der idealen Führungskraft. Muss

sie diesem Idealprofil in allen Bereichen zwingend entsprechen? Und vor allem, muss sie all das schon im Auswahlverfahren zeigen? Oder soll ihr das zur eigenen Professionalisierung und Weiterqualifizierung dienen? Und schließlich die entscheidende Frage: Gibt es überhaupt *die* ideale Führungskraft?
Die Antwort ist einfach. Es gibt sie nicht, *die* ideale Führungskraft! Genauso wenig wie es *die* Führungsstrategie oder *die* Führungstechnik oder *die* Führungskultur schlechthin gibt. Niemand ist perfekt, und das trifft auch in diesem Fall zu. Jeder Mensch hat Stärken und Schwächen. Entscheidend ist vielmehr, dass man das sich selbst bewusst macht, es offen einräumt und danach auch handelt. In eine neue Aufgabe muss man erst hineinwachsen, sonst wäre die Aufgabe ja gar nicht neu. Also kann es im Bewerberverfahren nur darum gehen, zu prüfen, wo die Stärken und Schwächen der Interessenten liegen und ob sie selbstkritisch genug sind, darauf aufbauend zu handeln. Und die Bewerberkommission will sehen, ob der Bewerber bzw. die Bewerberin genug Ideen und Potenzial hat, eine Schule zu gestalten.

Das in Kapitel 4.1 skizzierte Anforderungsprofil ist also ein SOLL-Profil, ein Leitgerüst, ein Orientierungsrahmen. Die Auswahlkommission hat nun die Aufgabe, so präzise wie möglich die Kenntnisse, Fähigkeiten und Fertigkeiten der Interessenten, ihr IST-Profil, zu ermitteln und es dann mit dem SOLL-Profil abzugleichen.

In Bezug auf die konkrete Einzelschule besteht die Kunst der Bestenauslese im Auswahlverfahren darin, anhand einer sorgfältigen Anforderungsanalyse bezüglich der schulischen Handlungsfelder und Tätigkeiten die Kompetenzen zu gewichten, die für eine erfolgreiche Umsetzung an dieser Einzelschule wichtig, sehr wichtig oder unverzichtbar sind. Im Auswahlverfahren kommt es dann darauf an, bei den Bewerberinnen und Bewerbern sowohl beobachtbare als auch erfragbare Verhaltensweisen und Fähigkeiten mit den konkreten Anforderungen dieser Einzelschule abzugleichen. Nur so lässt sich die für diese Schule ideale Führungskraft finden.

Beispiel: Die Kompetenz zur Kommunikation ist für jede Schule wichtig und unverzichtbar. Als Schulleiterin oder Schulleiter muss man vom allerersten Tag an in der Lage und bereit sein, sich verständlich zu machen, mit Lehrern,

Eltern und der ganzen Schulgemeinde Verbindung aufzunehmen und auch zwischenmenschliche Kontakte zu knüpfen und zu pflegen. Das kann die Bewerberkommission unter anderem an folgenden Verhaltensweisen beobachten: Ist der Bewerber zugewandt? Hört er aktiv zu? Lässt er andere aussprechen? Sendet er Ich-Botschaften? Stellt er offene Fragen? Argumentiert er adressatenbezogen? Erfragt er die Meinung anderer? Hält er Blickkontakt? Strukturiert er das Gespräch? Fasst er zusammen? Hat er eine stimmige Mimik und Gestik?

4.4 Qualifizierungsmaßnahmen

Im Lebensalltag wie in der Schule gibt es vielerlei Möglichkeiten, Erfahrungen zu sammeln, die zur Führung einer Schule von Nutzen sind. Wer beispielsweise als Lehrerin bzw. Lehrer immer wieder Schüler und Eltern berät, erwirbt kommunikative Kompetenzen. Wer Klassen- und Studienfahrten unternimmt, schult sein organisatorisches Geschick. Wer neue didaktische Konzepte und neue Unterrichtsformen erprobt, beweist seine Innovationsfreudigkeit. Wer in einer Schulentwicklungsgruppe zielorientiert und konstruktiv mitarbeitet, zeigt Teamfähigkeit. Wer außerschulische Lesepaten anwirbt und betreut, lässt Kooperationsbereitschaft erkennen. Führungserfahrung sammelt man auch bei der Aus- und Fortbildung von Lehrkräften, beispielsweise als Mentorin, Lehrbeauftragter, Multiplikatorin, Fachberater oder Fortbildnerin.

Führungsrelevante Erfahrungen gewinnt man auch in der Beobachtung und im Meinungsaustausch mit anderen, durch das Studium wissenschaftlicher Fachliteratur und gezielter Weiterqualifizierungs- und Studiermaßnahmen.

Wenn man eine Schule leiten und gestalten will, kann man sich folglich mit sehr viel Eigeninitiative schrittweise und systematisch auf eine Führungsaufgabe vorbereiten. Außerdem bieten staatliche und kirchliche Stellen sowie Institutionen aus der Wirtschaft vielerlei Seminare und Kurse zur Vorbereitung auf eine Führungsaufgabe an. Und verantwortungsbewusste Schulleiterinnen und Schulleiter fördern führungsgeeignete Lehrkräfte und beraten und begleiten sie umsichtig.

Hat man sich schließlich dazu entschlossen, in die Führung gehen zu wollen, und hat man das Auswahlverfahren erfolgreich durchlaufen, wird man in

Baden-Württemberg zur Schulleiterin auf Probe bestellt. Die Probezeit im neuen Amt dauert zwei Jahre. Während dieser zwei Jahre wird man durch die Landesakademie für Fortbildung und Personalentwicklung an Schulen darin unterstützt, wie man eine Schule leitet, lenkt und gestaltet. Auf der Grundlage des Anforderungsprofils werden die neu bestellten Schulleiterinnen und Schulleiter in ihre neue Aufgabe eingeführt und qualifiziert. Diese 15-tägige Qualifizierung ist verpflichtend und setzt sich aus insgesamt fünf Seminaren zusammen. Das erste Seminar findet bereits vor Übernahme der neuen Tätigkeit in den ersten Wochen der Sommerferien statt und bereitet ganz konkret und praxisorientiert auf die ersten Schritte als Schulleiterin vor.
Nähere Informationen über die Gesamtstruktur der baden-württembergischen Einführungsfortbildung für neu bestellte Schulleiterinnen und Schulleiter sind im Internet einzusehen unter: lehrerfortbildung-bw.de/ffb/schulleit/fb_einf/.
Die Einführungsfortbildungen werden überarbeitet und derzeit als Pilotveranstaltung durchgeführt und intensiv evaluiert.

Zusammenfassung
An Führungskräfte werden hohe Erwartungen und Anforderungen gestellt. Das Verfahren der Bestenauslese ist hart und fordert die Bewerber/innen. Eine zielgerichtete und systematische Vorbereitung auf das Auswahlverfahren ist wichtig und bereichernd. Denn: Eine Schule zu leiten, das ist eine schöne Aufgabe.

5. Die ersten hundert Tage im Amt

In vielen Bereichen der Gesellschaft wird den neuen Amtsträgern eine Schonfrist von hundert Tagen gewährt. Sie soll dazu dienen, im neuen Aufgabenfeld anzukommen und Fuß zu fassen, bevor gravierende Veränderungen angegangen und die hierfür notwendigen Entscheidungen getroffen werden.
Zurück geht die Gewährung dieser Schonfrist auf Napoleon. Am 1. März 1815 kehrte er aus dem Exil von der Insel Elba nach Frankreich zurück. Nach hundertzehn Tagen war seine Herrschaft durch die Schlacht bei Waterloo gescheitert und beendet.

Aller Anfang ist schwer, das gilt auch für frisch gebackene Schulleiterinnen und Schulleiter. Oft ist es wie ein Sprung ins kalte Wasser, wenn man beginnt, eine Schule zu leiten. Hinzu kommt, dass von allen Seiten hohe Erwartungen gestellt werden:

- von Schülerinnen und Schülern,
- vom Kollegium,
- von Eltern,
- vom Schulträger,
- von der Schulaufsicht,
- von der breiten Öffentlichkeit.

Alle sind gespannt, wie der bzw. die Neue die Leitungsaufgaben angeht und wie er bzw. sie die neue Rolle ausfüllt.
Begeht man als neue Schulleiterin, als neuer Schulleiter in der Anfangsphase schwerwiegende Fehler, dann ist es mühsam, Fuß zu fassen und die Weiterentwicklung der Schule voranzubringen. Deshalb heißt es, besonders auf die umsichtige Gestaltung der ersten hundert Tage zu achten. Es gilt auch hier:

**Starten Sie durchdacht,
dann läuft es später wie von selbst.**

5.1 Zur Bedeutung der ersten hundert Tage im Amt

Der Anfang ist immer etwas Besonderes. Selbst ist man höchst motiviert, zuweilen übermotiviert und fährt mit viel, oft zu viel Standgas. Man will ja den neuen Mitarbeiterinnen und Mitarbeitern zeigen, was man alles kann. Diese wiederum sind höchst reserviert oder amüsiert oder konzentriert, in jedem Fall sehr aufmerksam und beobachten genau, was die Neue tut und wie der Neue agiert. Vergleiche zum Vorgänger werden automatisch gezogen.
Sie alle kennen den Vorgang ganz genau: Man kommt mit dem Flugzeug in einem unbekannten Land an und stellt zunächst fest, was anders ist als zu Hause: die Sprache, die Uhrzeit, das Klima, die Kleidung der Menschen, der Straßenverkehr usw. Wenn Sie das, was Ihnen neu ist, dokumentieren wollen, so müssen Sie in den ersten Tagen viele Fotos machen oder Tagebuch führen. Zwei Wochen später sind Ihnen viele Dinge und Abläufe schon so vertraut, um sie noch als neu wahrzunehmen.

Wenn Sie ein Tagebuch führen, dann wissen Sie, dass man am Anfang tägliche Einträge macht, aber schon nach ganz kurzer Zeit dazu übergeht, immer ein paar Tage zusammenzufassen. Tagebuchforscher können deshalb anhand der zeitlichen Abfolge der Tagebucheinträge feststellen, ob ein Tagebuch echt oder gefälscht ist. Die Gestaltung des Anfangs muss man sich ganz genau überlegen.

Gott hat uns zwei Ohren gegeben, aber nur einen Mund, damit wir doppelt so viel zuhören wie sprechen. (Arabisches Sprichwort)

Dieses arabische Sprichwort ist eine gute Grundlage für die ersten hundert Tage im Amt: mehr sehen und hören als sprechen. Das, was man ankündigt und entscheidet, hat in den ersten Tagen bei den Mitarbeiterinnen und Mitarbeitern ein sehr großes Gewicht. Deshalb darf man nur das ankündigen und entscheiden, was man auch wirklich überblicken kann und auch nach einigen Monaten noch für richtig halten wird. Sie sollten nicht Ankündigungsweltmeister werden, nicht Dinge versprechen, die Sie nicht halten können, keine Zusagen machen, ohne die Voraussetzungen und Folgen zu überblicken. Konzentrieren Sie sich in den ersten Monaten auf diese drei Punkte:

1. Persönlichkeit:

Entscheidend für Erfolg und Misserfolg im übertragenen Amt ist Ihre eigene Persönlichkeit. Also müssen Sie ein erstes und entscheidendes persönliches Zeichen setzen.

2. Bewahren und verändern:

Sie müssen Ihrer Schule ein Ziel geben, denn die pädagogische Arbeit in der Schule – oder wie die Erziehungswissenschaftler sagen: die institutionelle Erziehung – ist ohne Zielorientierung nicht legitimiert und nutzlos, weil sie im Kreise mäandriert. Und dennoch können Sie nicht gleich in der ersten Konferenz Ziele verkünden, ohne genau zu wissen, wie weit Ihre Schule bereits entwickelt ist, wer Ihre Verbündeten sind und mit wem Sie sich über Ziele und Arbeitsbelastungen streiten müssen. Auch dürfen Sie nicht den

Eindruck erwecken, Ihre Schule habe bisher die modernen Entwicklungen verschlafen und Ihr Vorgänger habe keine gute Arbeit geleistet. Schnell stünden Sie dann im Verdacht, sie malten bewusst ein düsteres Bild von der Zeit vor Ihrem Dienstbeginn, damit Sie und Ihre Arbeit vor dunklem Hintergrund umso strahlender aufleuchten. Solche oberlehrerhaften Schauspiele sollten Sie in Ihrem neuen Amt nicht aufführen. Halten Sie sich eisern an den Grundsatz: Die Arbeit meiner Vorgänger und die Arbeit des Kollegiums vor meiner Zeit sind tabu – in jeder Lebenslage und gegenüber jedermann. Wenn Sie Ihrer Schule eine neue, andere pädagogische Ausrichtung geben wollen, dann brauchen Sie den langen Atem und viel Geduld. Beobachten Sie, notieren Sie Ihre Eindrücke, aber gehen Sie Ihre Ziele behutsam an. Wenn Sie die Weiterentwicklung Ihrer Schule voranbringen wollen, dann will das gut durchdacht und sorgfältig geplant sein:

Behalten Sie Gutes und Bewährtes an der Schule bei und stoßen Sie nur bei Bedarf Neues an.

Bildlich ausgedrückt: Einen neuen Reiseleiter, eine neue Reiseleiterin braucht man nur dann, wenn mehr als zwei Leute zusammen sind und letztlich jemand die Entscheidungen für die ganze Reisegruppe treffen muss. Das bedeutet, dass ein Kollegium nicht ohne Schulleitung auskommen kann. Umgekehrt gilt aber auch: Ohne Kollegium braucht man Sie als Schulleiter/in nicht. Weil Sie Ihr Kollegium noch nicht aus der Führungsperspektive kennen (übrigens auch dann nicht, wenn Sie schon ein paar Jahre als Lehrerin oder Lehrer in diesem Kollegium gearbeitet haben), sollten Sie eingeschliffene, vielleicht sogar bewährte Arbeitsabläufe und Arbeitsverteilungen nur nach genauester Beobachtung ändern, vor allem nicht in den ersten Amtstagen. Bedenken Sie: „Bewährt" ist etwas, was sich bisher als „wahr" erwiesen hat. Sie müssen erst prüfen (und ggf. beweisen), ob es „wahr" ist, dass dieser oder jener Ablauf tatsächlich nicht mehr der Beste ist und abgeändert werden muss.

3. Operative Aufgaben an den Anfang stellen:

Zunächst ist Ihre erste und wichtigste Aufgabe, den Unterrichtsbeginn im neuen Schuljahr sicherzustellen. Gerade der Anfang wird von zahlreichen operativen Fragen beherrscht:

- Ist die Unterrichtsversorgung im neuen Schuljahr gesichert?
- Wie sieht der Deputats- und Stundenplan aus?
- Welche Rahmenbedingungen sind bei der Stundenplangestaltung zu beachten?
- Wie ist die Pausenaufsicht und evtl. Busaufsicht geregelt?
- Wer hat zu Schuljahresbeginn welche Aufgaben zu erledigen?
- Nach welchem Schema läuft der erste Schultag, die erste Schulwoche ab?
- Was muss auf die Tagesordnung der ersten Gesamtlehrerkonferenz?
- Welche Termine stehen in den nächsten Wochen an?

Wir empfehlen Ihnen, sich möglichst schnell in diese Fragestellungen einzuarbeiten. Planen Sie das bevorstehende Schuljahr sorgfältig und gründlich. Beziehen Sie dabei all jene in die Planung mit ein, die betroffen sind. Seien Sie dabei verständnisvoll zu den Menschen, aber konsequent in der Sache. So finden Sie rasch Akzeptanz. Verläuft der Start in das neue Schuljahr reibungslos, dann dürfen Sie das für sich als ersten Erfolg verbuchen.

5.2 Konkrete Empfehlungen

1. Ihre Persönlichkeit:

Die Grundlage Ihrer Führungsarbeit ist Ihre Persönlichkeit. Also sollten Sie so bald wie möglich mit der Ausgestaltung des Rektorats zeigen, wer Sie sind. „Entkernen" Sie Ihr neues Dienstzimmer. Räumen Sie es leer. (Wenn Ihr Vorgänger ein Profi war, dann hat er Ihnen das Rektorat sowieso besenrein hinterlassen.) Bitten Sie den Schulträger, die Wände im Schulleiterzimmer streichen zu lassen. Wenn nicht anders möglich, streichen Sie die Wände selbst. Übernehmen Sie von den Ausstattungsgegenständen Ihres Vorgängers nur, was unvermeidlich ist. Gestalten Sie Ihr Dienstzimmer neu.
Wer Sie in Ihrem Dienstzimmer besucht, muss mit einem Blick erfassen, dass hier eine unverwechselbare Persönlichkeit arbeitet, eine andere Person als zuvor. Sie können nur so arbeiten, wie das Ihrer Persönlichkeit entspricht. Zeigen Sie mit Bildern an den Wänden, Büchern im Regal, Fotos im Raum und persönlichen Gegenständen, was Ihnen wichtig ist. Im Gegensatz zu jenen „eiskalten" Managern, die einen sterilen Raum und einen stets leeren Schreibtisch präsentieren, sollten Sie eine Atmosphäre schaffen, in der Sie sich als unverwechselbare Persönlichkeit zu erkennen geben und sich wohlfühlen.

2. Vorgänger im Amt:

Zeigen Sie Ihre Wertschätzung für Ihre Amtsvorgänger und für Ihr Kollegium: Hängen Sie Fotos Ihrer Amtsvorgänger z. B. im Lehrerzimmer auf. Fotografieren Sie regelmäßig Ihr Kollegium (vor allem bei Personalwechsel) und hängen Sie diese Fotos an geeigneter Stelle in der Schule auf. Äußern Sie sich niemals negativ über Ihre Amtsvorgänger. So wie Sie Respekt für Ihre Person einfordern (müssen), so muss die Arbeit Ihrer Vorgänger, die zu einer anderen Zeit und unter anderen Rahmenbedingungen geleistet wurde, respektiert werden.

3. Schulrelevante Personen:

So bald wie möglich sollten Sie die schulrelevanten Personen kennenlernen: Sekretärin, Kollegen, Elternvertreter, Schülervertreter, Hausmeister. Und so rasch wie möglich sollten Sie auch mit den wichtigsten außerschulischen Partnern ins Gespräch kommen: Schulträger, Vertreter der Kirchen, Vereinsvorsitzende, Firmenvertreter.

4. Gespräche führen:

Wenn Sie Gespräche im Rektorat führen, sollten Sie auf eine aufmerksame Gesprächskultur Wert legen.

- Schaffen Sie eine für den Besucher angenehme Atmosphäre.
- Bringen Sie Ihre Wertschätzung zum Ausdruck.
- Bieten Sie Getränke (Kaffee, Tee, Wasser) an.
- Hören Sie mehr zu als selbst zu reden.

5. Schulpost:

Bitten Sie Ihre Schulsekretärin, sofern Sie überhaupt eine haben, Ihnen in den ersten Arbeitswochen die gesamte Schulpost vorzulegen. Sowohl die Briefpost als auch die elektronische Post. Vollständig! Nur so gewinnen Sie einen Überblick über den täglichen Posteingang und die daraus folgenden Arbeiten. Werfen Sie Unnötiges sofort in den Papierkorb. Sammeln Sie ausgelegte und ausgehängte Informationen regelmäßig ein; werfen Sie auch dabei so viel wie vertretbar in den Papierkorb.
Haben Sie einen Überblick über die Schulpost gewonnen, dann besprechen Sie mit Ihrer Sekretärin und/oder mit Ihrem Stellvertreter, von wem und wie die Post effektiv bearbeitet werden kann. Sind Sie Schulleiter einer kleinen

Schule ohne Sekretärin und Stellvertreter, dann bilanzieren Sie nach etwa acht Wochen für sich allein:

- Was muss geändert werden?
- Kann man die Postabläufe verbessern?
- Ist die Mailbox gut organisiert oder muss sie modifiziert werden?
- Stimmt der Internetauftritt und ist er noch aktuell?
- Ist ein Anrufbeantworter zu installieren oder der bestehende zu modifizieren?
- Wie sind Sie als Schulleiter/in erreichbar?

Als Schulleiter/in einer kleinen Schule haben Sie viele Unterrichtsstunden zu halten. Darum sollten Sie mit allen organisatorischen und technischen Kniffen und Hilfen dafür sorgen, dass Sie während des Unterrichts so selten wie möglich gestört werden. Die Eltern beobachten genau, wie viel Lernzeit Sie Ihren Schülern abknapsen.

6. Haushaltsausgaben:

Prüfen Sie die Haushaltsausgaben Ihrer Schule so rasch wie möglich: Wofür wird an Ihrer Schule Geld ausgegeben? Wo lässt sich etwas einsparen, um Investitionen zu ermöglichen? Überprüfen Sie kritisch alle Loseblattsammlungen und alle Zeitungen und Zeitschriften, die an Ihrer Schule ausliegen, auf Notwendigkeit und auf Lesehäufigkeit. Loseblattsammlungen für das Rektorat sollten Sie besonders kritisch überprüfen. Denn das regelmäßige Einsortieren nimmt viel Zeit in Anspruch. Oft ist der Neukauf der kompletten Sammlung billiger und erspart Ihnen Arbeit.

7. Arbeitsabläufe:

Weil Sie sich in der Regel in Ihr neues Amt erst hineintasten müssen, sollten Sie die bisherigen Arbeitsabläufe und die bestehende Arbeitsverteilung zunächst unverändert lassen. Fahren Sie nicht gleich mit dem Rasenmäher übers Schulgelände. Schaffen Sie nicht gleich ab, was Ihnen missfällt. Nehmen Sie Mitarbeiterinnen und Mitarbeiter, deren Nase Ihnen nicht gefällt, nicht gleich die vertrauten Aufgaben weg.
Wer wie ein Tornado über seinen neuen Arbeitsplatz fegt, der sollte wissen, dass ein solches Unwetter nur ein kurzes Leben hat. Fast alle Schulleiter, die schon bald nach Dienstantritt ihr Amt wieder räumen mussten, scheiterten an

diesem Punkt. Sie konnten das bisher Geleistete nicht wertschätzen. Sie wollten in den ersten Tagen zu viel. Sie demonstrierten vom ersten Tag an ihre Macht und zeigten wenig Fingerspitzengefühl. Rücksichtslosigkeit, mangelnde Kooperationsfähigkeit, fehlende Wertschätzung des bisher Geleisteten lauteten meist die Begründungen für die vorzeitige Ablösung.

8. Terminplanung:

Erarbeiten Sie sich einen Terminplaner für das Schuljahr, am besten PC-gestützt und auf einem externen Speichermedium gespeichert, damit er ausleihbar ist. Welche Termine stehen fest (z. B. Prüfungstermine, Zeugnisausgabetermine)? Welche schulischen und außerschulischen Fixtermine gibt es an Ihrer neuen Schule? (Das sollte in Ihrer ersten Gesamtlehrerkonferenz ein wichtiger Tagesordnungspunkt sein.) Legen Sie insbesondere die Konferenztermine langfristig fest, auch die der Schulkonferenz. Vor allem Frauen, die bei jeder Konferenz eine Bleibe für ihr Kind vereinbaren müssen, sind Ihnen für langfristige, verlässliche Planungen dankbar. Welche zusätzlichen Termine dürfen Sie als Schulleiter nicht versäumen? (Tipp: Alle jährlich wiederkehrenden Termine haben die Lehrerverbände zu Jahresterminplanern zusammengefasst. Nutzen Sie diese Vorarbeit.) Achten Sie vor allem darauf, dass sich die Termine nicht auf bestimmte Wochen konzentrieren, sondern gleichmäßig aufs Schuljahr verteilt werden. Geben Sie jeder Lehrkraft Ihrer Schule einen Ausdruck des Terminplaners.
Stellen Sie den Terminplaner digital zur Verfügung und machen Sie die Terminplanung für die ganze Schulgemeinschaft transparent.

9. Gerechte Verteilung der Arbeitslasten:

Ihr Kollegium erwartet eine gerechte Verteilung der Arbeitslasten. Prüfen Sie deshalb genau, wer Klassenlehreraufgaben wahrnimmt und wie die übrigen Aufgaben (Protokoll schreiben, Pausenaufsicht führen, außerunterrichtliche Aktivitäten betreuen usw.) verteilt sind. Setzen Sie ggf. eine kleine Arbeitsgruppe ein, die alle Arbeiten an Ihrer Schule erfasst und bewertet. Auf dieser Grundlage sollten Sie baldmöglichst eine gerechte Verteilung der Lasten im Verhältnis zum Gehalt herbeiführen. Stimmen Sie diese im Kollegium ab. Ihr Kollegium wird Ihnen die gerechte Lastenverteilung auf lange Sicht danken. Machen Sie den Geschäftsverteilungsplan für jedermann transparent und geben Sie Zuständigkeiten an (für Lese-Rechtschreib-Schwäche, Rechenschwäche usw.).

10. Elternbriefe:

Schreiben Sie einen Informationsbrief an die Eltern und berichten Sie über den Unterrichtsstart, über die Klassenlehrerverteilung, über die schulischen und außerschulischen Aktivitäten im bevorstehenden Schulhalbjahr. Wir empfehlen Ihnen, einen solchen Brief zu jedem größeren Ferienabschnitt zu schreiben, sodass eine Tradition der regelmäßigen Schulnachrichten entsteht. Vergessen Sie bitte nicht: Die Schule hat eine Informationspflicht. Wenn die Schule auf der Schulpflicht besteht, also in eine Familie eingreift, dann hat umgekehrt die Familie das Recht zu erfahren, was ihr Kind in dieser Schule tun muss.

11. Führung spürbar machen:

Setzen Sie in der Führungskultur von allem Anfang an Zeichen. Verdeutlichen Sie durch Handlungen, nicht durch Erklärungen, dass Sie nun die Schule leiten. Achten Sie zum Beispiel auf pünktlichen Unterrichtsbeginn.

5.3 Die erste Gesamtlehrerkonferenz

Neue Führungskräfte, denen wir für die erste Gesamtlehrerkonferenz das folgende Verfahren vorgeschlagen haben, bestätigten uns, dass diese Vorgehensweise effektiv und zielführend ist.

1. Kurze Einführungsrede, etwa so:

„Einerseits sind wir nur als Team handlungsfähig und stark, andererseits muss – wenn mehr als zwei zusammen sind – einer die Aufgabe übernehmen, das Team zu leiten. Diese Aufgabe wurde mir übertragen. Mein Arbeitsziel: vertrauensvolle Zusammenarbeit mit Ihnen, meinen engsten Mitarbeiterinnen und Mitarbeitern. Ich werde die gute Arbeit meines Vorgängers, die auf der Arbeit dieses Kollegiums beruht, fortsetzen. Es stehen aber auch neue Herausforderungen an, die mein Vorgänger bewusst mir überlassen hat. Deshalb lautet mein Arbeitsmotto: Das Gute bewahren und zugleich offen sein für Neues. Ich habe hohen Respekt vor dem, was mein Vorgänger geleistet hat, aber ich kann nur so arbeiten, wie ich bin und wie ich es gelernt habe. Deshalb bitte ich Sie: Messen Sie mich an meinen Möglichkeiten und an meinen Entscheidungen. Zusammenfassend bitte ich Sie um vertrauensvolle Zusammenarbeit und um Geduld. Zunächst muss ich sehen und hören, was an dieser Schule geregelt ist und welche neuen Herausforderungen wir gemeinsam lösen müssen. Deshalb werde ich aus Respekt vor der bisher geleisteten Arbeit an dieser Schule in den ersten Wochen vor allem zuhören und beobachten."

2. Gehen Sie dann zur Tagesordnung über:

Wenn Sie rechtzeitig vor Schuljahresbeginn Ihr Amt angetreten haben, dann sollten Sie Ihrem Kollegium schriftlich vorab die Tagesordnung zukommen lassen:

Liebe Kolleginnen, liebe Kollegen,
hiermit lade ich Sie alle recht herzlich zur Schuljahreseröffnungskonferenz ein.
Sie findet statt am ... um ... Uhr im Lehrerzimmer.

Tagesordnung

1. Begrüßung zum neuen Schuljahr und Vorstellung aller Kollegiumsmitglieder
2. Informationen und Hinweise zur Organisation des neuen Schuljahrs
3. Ablauf der ersten Schulwoche – Einschulung der Schulanfänger
4. Terminplan für das Schuljahr ...
5. Verschiedenes

Mit freundlichen Grüßen

...

Protokoll: Herr... / Frau ...

Als neue Schulleiterin, neuer Schulleiter sollten Sie bedenken, auch Kolleginnen und Kollegen könnten neu an der Schule sein. Begrüßen Sie diese besonders herzlich.

Auch sollten Sie auf die folgenden Informationen zum neuen Schuljahr achten:

- Deputate und Anrechnungen,
- Stundenpläne,
- Aufsichtsplan,
- Belegungsplan der Fachräume,
- Ferienplan,
- Schülerbücher und Lehrerhandreichungen,

- Aufgaben der Klassenlehrer/innen zu Schuljahresbeginn (auf Checkliste hinweisen, siehe nachstehend),
- Einschulung der Schulanfänger – Gestaltung der ersten Schulwoche – Aufnahmefeier, Gottesdienst, Elternabend,
- Terminplanung – Festlegung der Konferenztermine und Kooperationszeiten,
- evtl. Wahlen zur Schulkonferenz,
- Verschiedenes.

Aufgaben der Klassenlehrer/innen am ersten Schultag und in der ersten Schulwoche

1. Stundenpläne bekanntgeben!
2. Bücher austeilen – auf sorgfältigen Umgang hinweisen – Namen eintragen lassen – einbinden lassen (keine klebenden Folien) und im Lauf der Woche kontrollieren!
   Hinweis: Bücher, die nach einem Jahr Gebrauch mehr als üblich beschädigt sind, müssen bezahlt werden!
3. Klassenlisten kontrollieren und umgehend im Sekretariat abgeben!
4. Elternbriefe und Einladungen zum Elternabend ausgeben!
5. Hinweis auf Verhalten in den Pausen und auf dem Schulhof sowie vor und nach dem Unterricht – Eintrag ins Klassenbuch!
6. Bis … Liste für die Vertretung bei kurzfristigen Unterrichtsausfällen (Besucherbuch) erstellen und im Sekretariat abgeben!
7. Bis … Liste der Schülerinnen und Schüler erstellen, die an keinem Religionsunterricht teilnehmen!
8. Abgabe der offiziellen Stundenpläne bis zum …!
9. Abgabe der Stoffverteilungspläne bis zu den Herbstferien!
10. Jeweils zu Ferienbeginn die Klassenbücher im Sekretariat abgeben!

5.4 Die Amtseinsetzung

In der Schule gibt es eine Vielzahl von Festen und Feiern. Ein besonderes Ereignis ist eine Personalfeier (Amtseinsetzung, Dienstjubiläum, Zurruhesetzung usw.), die im Kern immer vom „Dienstherrn" gestaltet wird. Wenn Sie Landesbediensteter, die Schulgebäude aber Eigentum der Kommune oder des Landkreises sind, dann muss der Dienstvorgesetzte die Amtseinsetzung vornehmen. Für Lehrkräfte ist das der Schulleiter bzw. die Schulleiterin, für Rektoren und Rektorinnen ein Vertreter der Kultusbehörde. Der Schulträger spricht dann das erste Grußwort.

Auch wenn Ihre eigene Amtseinsetzung nicht von Ihnen selbst, sondern von einem Beauftragten Ihres Kollegiums organisiert wird, sollten Sie zumindest ein Auge darauf haben, dass Ihre Feier Ihrer Persönlichkeit entsprechend würdig abläuft. Deshalb hier ein paar Anhaltspunkte zur Gestaltung einer Personalfeier im Allgemeinen und Ihrer Amtseinsetzung im Besonderen:

- Bedenken Sie: Eine Personalfeier ist für die meisten ein verpflichtender Termin. Sie nehmen eher aus Pflicht teil, denn aus Neigung.
- Eine Feier ist kein Schulfest, keine Jubelfeier, sondern im Wesentlichen durch Wortbeiträge bestimmt. Darum eine straffe Planung bitte.
- Den zeitlichen Rahmen bitte nicht überstrapazieren (maximal 90 Minuten). Alles, was über diese Zeit hinausgeht, langweilt oder nervt.
- Keine Selbstdarstellungen, keine langatmigen Aufführungen (30- oder gar 40-minütige Schülerdarbietungen sind eigene Veranstaltungen).
- Es gibt nur eine Ansprache (nämlich die des Personalvorgesetzten), aber mehrere, hoffentlich kurze Grußworte.
- Zahl und Umfang der Grußworte begrenzen, sonst werden es Gruselworte.
- Auf ausgewogene Gestaltung achten: Wortbeiträge begrenzen, Musik-, Theater-, Tanzdarbietungen klug in das Programm einbauen, sodass eine bunte Folge von Beiträgen entsteht.

Eine Amtseinsetzung läuft in der Regel formal so ab:

1. Begrüßung (stellvertretende/r Schulleiter/in oder dienstälteste Lehrkraft)
2. Amtseinsetzung (Dienstvorgesetzter)
3. Grußwort des Schulträgers
4. Evtl. weitere Grußworte durch
   - Vertreter/in der Kirchen, Vereine, Seminare
   - Elternbeirat
   - Förderverein
   - Kollegium
   - Schulsprecher/in
5. Antrittsrede Schulleiter/in

5.5 Die Antrittsrede

Was Sie sagen sollten:

- Für das Vertrauen danken, dass man Ihnen diese Schule anvertraut.
- Die eigene Vision von Schule kurz ansprechen, aber wirklich nur kurz: Wo sehe ich die Schule in zehn Jahren?
- Wofür stehe ich? Einen oder zwei Führungsgrundsätze kurz erläutern, z. B. „Schüler sind der Mittelpunkt der Schule" und „Führen ist immer eine Mannschaftsdisziplin".
- Erste Entwicklungspunkte andeuten: Was sind die nächsten Schritte?
- Vertrauensvolle Zusammenarbeit insbesondere mit Kollegium, Eltern, Schulträger anbieten.

Nicht vergessen:

- Wenn Sie über Ihre Vision von Schule sprechen: Bezüge zu der Schule herstellen, die Sie nun leiten, zum Namensgeber der Schule (wenn es einen gibt), zur Schulform, zum Stadtteil usw.
- Notwendigkeit der Zusammenarbeit von Schulleitung, Kollegium, Schüler und Eltern betonen.
- Die bisherige Arbeit der Schule (anhand eines konkreten Beispiels) würdigen und Kontinuität zusichern.
- Auf die offene Tür zur Schulleitung hinweisen und betonen, dass Sie ein offenes Ohr für Kummer und Sorgen haben.

Darauf müssen Sie achten:

- Kein Eigenlob, keine Begründung, warum man Ihnen die Stelle anvertraut hat.
- Nicht auf eigene Leistungen hinweisen.
- Mit keinem Resümee wissenschaftlicher Abhandlungen langweilen.
- Keine Zitatenhäufung und keine belehrende Präsentation Ihrer breiten Bildung.
- Keine große Regierungserklärung. Nicht als Ankündigungsweltmeister aufspielen. Niemals ankündigen, was jetzt anders wird.
- Keine (auch keine versteckten) Hinweise auf hohe Arbeitsbelastung im neuen Amt.

Bitte denken Sie daran:

- Zehn Minuten müssen ausreichen. Fünfzehn Minuten keinesfalls überschreiten.

Zusammenfassung

1. *Arbeiten Sie sich zügig in operative Aufgaben ein.*
2. *Hüten Sie sich vor großen Ankündigungen.*
3. *Beobachten Sie viel und hören Sie gut zu.*
4. *Bauen Sie Vertrauen und Nähe zu Ihren Mitarbeiterinnen und Mitarbeitern auf.*
5. *Seien Sie verständnisvoll zu den Menschen, aber konsequent in der Sache.*
6. *Machen Sie Führung spürbar.*
7. *Reflektieren Sie über sich selbst ehrlich und selbstkritisch.*

6. Leiten, Lenken, Führen – Schulleitung als Beruf

Schulleitung, das ist ein sehr komplexes Berufsfeld. Sich das anzueignen, ist vergleichbar mit einer langen und abenteuerlichen Reise ins Ungewisse. Denn das Grundmuster der Schule ist, seit ihrer Entstehung vor über siebentausend Jahren, die ständige Veränderung. Darum muss jeder, der eine Schule leiten will, viele Probleme und mancherlei Anpassungs- und Veränderungsprozesse bewältigen. Dabei stehen folgende Fragestellungen im Mittelpunkt: Wohin geht die Reise? Wie gelangen Schulleitung, Kollegium und die ganze Schulgemeinde gemeinsam ans Ziel? Welches Rüstzeug ist für die Reise erforderlich? Wann und wo sollte die erste Zwischenetappe erreicht sein? Ihnen als Schulleiter bzw. Schulleiterin und Ihrer Reisegesellschaft muss also von vornherein klar sein, dass solche Prozesse niemals linear verlaufen, immer Probleme aufwerfen und am Ende nicht die Höchstleistung, sondern die Stetigkeit zählt. Von allen Beteiligten wird dabei Kommunikation, Kooperation und Teamarbeit gefordert, was aber schlussendlich zu erhöhter Motivation, hoher Arbeitszufriedenheit und gutem Gelingen beiträgt.

6.1 Berufsfeld Schulleitung

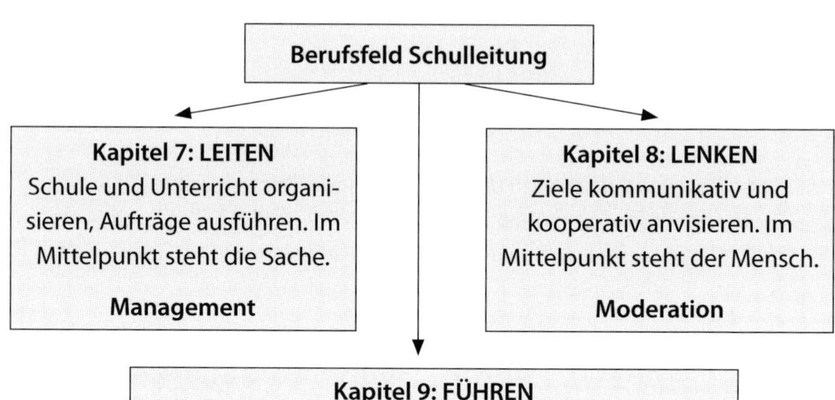

Die meisten Schulen sind administrativ und organisatorisch in Ordnung – das ist jedenfalls unsere Erfahrung. Doch wie ist das möglich, wo doch gelernte Pädagogen, also administrative Laien, die Schulen leiten?

Wir erklären uns das so: Neu bestellte Schulleiterinnen und Schulleiter müssen von heute auf morgen viele Verwaltungsaufgaben bewältigen. Sie haben zuweilen großen Respekt vor diesem noch unbekannten Geschäftsbereich. Die pädagogischen Aufgaben sind ihnen dagegen vertraut. Also wenden sie viel Zeit und Kraft für die Schulverwaltung auf und knien sich in die neue Materie hinein. Die schulpädagogischen Aufgaben überlassen sie eher Kolleginnen und Kollegen ihres Vertrauens. So vernachlässigen viele in den Anfangsjahren die Aufgabe des pädagogischen Führens. Und irgendwann kommt der Punkt, wo sie sich nicht mehr zutrauen (weil sie entweder den Anschluss an den pädagogischen Innovationszug verpasst haben oder sich von ihrem Kollegium in der pädagogischen Führungsrolle nicht mehr anerkannt wähnen), ihre Schule pädagogisch zu führen. Wie das vorstehende

Schaubild zeigt, setzt sich das Berufsfeld Schulleitung insbesondere aus drei Arbeitsfeldern zusammen: dem Schulmanagement, der Schulmoderation und der Schulgestaltung.

Kapitel 7 zeigt, welche Aufgaben auf Sie warten, wenn Sie eine Schule leiten, die Oberaufsicht über alles Organisatorische haben und vielerlei Aufträge ausführen müssen, seien es Beschlüsse der schulischen Gremien oder Aufgaben aus Politik und Schulrecht. Hier geht es immer um die möglichst reibungslose, geräuschlose und perfekte Klärung von Sachen.

In *Kapitel 8* dagegen steht der Mensch im Mittelpunkt. Kommunikativ und kooperativ sollten Sie agieren. Ihre Empathie und Ihr Einfühlungsvermögen sind ebenso gefragt wie Ihr Lenkungsgeschick bei strittigen Entscheidungen.

In *Kapitel 9* geht es ums Führen, um die Entwicklung von Visionen, Zielen und Grundlagen des Zusammenlebens. Im Mittelpunkt steht die Verantwortung für das Ganze und die Ihnen abverlangte Kunst, die Zusammenarbeit so zu gestalten, dass Ziele erreicht werden.

6.2 Interview

Gerd Friederich

Bevor du Schulamtsdirektorin geworden bist, hast du viele Jahre lang eine Schule geleitet. Warst du gern Schulleiterin?

Magda Krapp

Sehr gern sogar, weil es eine spannende, verantwortungsvolle und herausfordernde Aufgabe ist, die neben Planung und Organisation vor allem auch die Möglichkeit bietet, gestalterisch zu wirken und zusammen mit dem Kollegium Neues zu schaffen. Gewiss erfordert das viel Kraft. Manche belastet das vielleicht, andere sehen gerade darin eine große Chance. Ich jedenfalls möchte die Zeit als Schulleiterin nicht missen wollen.

Gerd Friederich

Wie hast du den Anfang deiner Tätigkeit als Schulleiterin erlebt?

Magda Krapp

Gerade am Anfang habe ich lernen müssen, die eigene Praxis immer und immer wieder kritisch zu reflektieren und mit Bedacht beharrlich weiterzuentwickeln. Hilfreich war für mich der regelmäßige Austausch mit erfahrenen Schulleiterinnen und Schulleitern. Auch konnte ich mithilfe der angebotenen Weiterqualifizierungen meine Führungskompetenz erweitern.

Gerd Friederich

Wie hast du das Verhältnis von Verwaltungs- zu Gestaltungsaufgaben erlebt?

Magda Krapp

Wenn verwaltungstechnische Abläufe und Prozesse sowie Zuständigkeiten und Strukturen an einer Schule klar geregelt und festgeschrieben sind, wie das bei mir der Fall war, als ich die Stelle antrat, dann entlastet das gewaltig. Für mich eröffneten sich große Freiräume, die Schule voranzubringen und zu gestalten. Allerdings empfehle ich aufgrund eigener Erfahrung, sich auf die wirklich wesentlichen Veränderungen zu konzentrieren und nicht zu viele Baustellen auf einmal aufzumachen. Wer nämlich zu viel beackert, wird rasch müde, sieht wenig Fortschritt und kann lange kein Richtfest feiern. Auch in der Schulentwicklung gilt: Weniger ist manchmal mehr!

Gerd Friederich

Wie hast du als Schulleiterin Innovationen verwirklichen können?

Magda Krapp

Mir war von vornherein klar, dass ich nur Neues schaffen kann, wenn ich mich mit der ganzen Schulgemeinschaft auf die Reise begebe. Also habe ich mich bemüht, im Kollegium, in der Elternschaft, bei den Schülern und bei den außerschulischen Partnern Vertrauen aufzubauen, Konsens herzustellen und die Zusammenarbeit lebendig und konstruktiv zu gestalten. Das hat viel Fantasie, Raum und Zeit erfordert. Aber durch das gute Miteinander von Elternhaus und Schule haben vor allem die Schülerinnen und Schüler profitiert. Meine Erfahrung: Wenn es gelingt, dass sich alle am Schulleben Beteiligten als professionelle Lerngemeinschaft verstehen, dann ist der Boden für Veränderung und Innovation bereitet. Schulen, die sich als professionelle Lerngemeinschaft verstehen, arbeiten erfolgreich und bringen Entwicklungen voran.

Gerd Friederich

Und wie bist du mit den Belastungen im Amt zurechtgekommen?

Magda Krapp

Natürlich hatte auch ich Phasen, die ich als belastend empfand. Im Erfahrungsaustausch mit Kollegen habe ich erkannt, dass vor allem Schulleiterinnen und Schulleiter kleiner Schulen gut mit ihrer Zeit haushalten müssen. Sie sind oft selbst stark in den Unterricht eingebunden, führen vielleicht sogar eine eigene Klasse und werden, wenn überhaupt, nur stundenweise von Schulsekretärin und Schulhausmeister unterstützt. Dann kann zuweilen schon das Gefühl aufkommen, Rennpferd, Packesel und Mülleimer in einem zu sein.

Gerd Friederich

Was hast du zu deiner eigenen Entlastung getan?

Magda Krapp

Mir war wichtig, immer wieder Abstand zu gewinnen, um neue Kraft zu tanken. Wie, das ist von Mensch zu Mensch verschieden. Da muss jeder seinen eigenen Weg finden. Mir hat beispielsweise die räumliche Entfernung zwischen Wohnort und Schulort geholfen. Wenn ich nach einem arbeitsintensiven Tag gegen

Abend nach Hause fuhr, konnte ich die Sorgen und Nöte des Arbeitsalltags mit jedem Kilometer mehr hinter mir liegen lassen. Wenn ich zu Hause eintraf, war ich im wahrsten Sinne des Wortes von der Alltagslast befreit und völlig privat. Am anderen Morgen freute ich mich dann wieder auf die Schule, ja, ich fieberte ihr und all den spannenden Begegnungen und unerwarteten Begebenheiten geradezu entgegen.

Gerd Friederich

Wie bist du mit Beschwerden umgegangen?

Magda Krapp

Beschwerden und Konflikte hatten bei mir immer Vorrang. Der Umgang mit Beschwerden sollte Teil des Qualitätsmanagements jeder Schule sein. Am besten beauftragt man eine Arbeitsgruppe aus Lehrern, Eltern und Schülern, einen Leitfaden zum Umgang mit Beschwerden und Konflikten zu entwickeln und hilfreiche und notwendige Maßnahmen anzustoßen und einzuleiten. Prävention ist nach meiner Erfahrung sehr wichtig. Ziel sollte immer sein, Beschwerden und Konflikte niederschwellig anzugehen, also dort, wo sie entstanden sind. Gut finde ich auch das Konzept der Streitschlichtung, bei dem Schüler an der Lösung von Konflikten konstruktiv und lösungsorientiert mitarbeiten.

Gerd Friederich

So wie ich dich kenne, hast du auf ein gedeihliches Schulklima besonderen Wert gelegt. Oder?

Magda Krapp

Schule ist für mich in erster Linie ein Ort, der maßgeblich durch menschliche Beziehungen geprägt wird. Ein gemeinsam festgelegtes Erziehungskonzept mit klaren Vorgaben, Regeln und Ritualen schafft einen verlässlichen Rahmen, der Sicherheit bietet und Richtung weist. Wertschätzendes Handeln, Vertrauen und Zuversicht, zuweilen auch Humor und heitere Gelassenheit, vermitteln Herzlichkeit und Wärme. Beides, klare Regeln und menschliche Wärme, bereitet den Boden für ein gedeihliches, vertrauensvolles Miteinander und ein motivierendes, angstfreies, nachhaltiges Arbeiten und Lernen. Klarheit und Wärme sind für mich die Basis für ein positives Schulklima und eine lernförderliche Atmosphäre.

Die Kultur des Miteinanders, die an der Schule gelebt und gepflegt wird, trägt wesentlich dazu bei, dass Schülerinnen und Schüler ein positives Selbstkonzept entwickeln.

Gerd Friederich

Die moderne Schule setzt auf die Stärken der Menschen, seien es die der Schülerinnen und Schüler oder die der Lehrerinnen und Lehrer. Wie siehst du das heute nach vielen Jahren als Schulleiterin und Schulamtsdirektorin?

Magda Krapp

Jeder Mensch hat Stärken, davon bin ich felsenfest überzeugt. Als Schulleiterin musste ich mich zunächst auf Schatzsuche begeben und die Stärken und Schwächen jeder einzelnen Lehrkraft ausloten. Die Stärken galt es dann weiterzuentwickeln und zu entfalten. Wenn es gelingt, jede Lehrerin und jeden Lehrer nach seinen Stärken im Unterricht einzusetzen und eine bestimmte Aufgabe für die ganze Schule zuzuweisen, dann kann das sehr segensreich für die ganze Schule sein. Segensreich deshalb, weil dadurch ein hohes Potenzial an Motivation, Kreativität und Tatendrang freigesetzt wird. Nicht umsonst heißt es ja, dass man an seinen Aufgaben wächst. Und nicht umsonst sagt man, Menschen zu fördern heißt, sie zu fordern. Das gilt übrigens auch und im Besonderen für die Schülerinnen und Schüler!

Gerd Friederich

Ein anderes wichtiges Thema der gegenwärtigen Schule ist die Schulentwicklung. Welche Erfahrungen hast du als Schulleiterin und Schulamtsdirektorin gemacht?

Magda Krapp

Das ist eine sehr komplexe Frage, weil die Weiterentwicklung von Schule und Unterricht von vielen Faktoren abhängt. Zum Gelingen tragen beispielsweise bei: ein an Kompetenzen orientierter Unterricht, eine systematische Nutzung von gewonnenen, empirischen Daten, die Aus- und Fortbildung der Lehrkräfte (insbesondere in den Bereichen Diagnostik, Förderplanung, Beratung), die Entwicklung einer tragfähigen, förderlichen Feedbackkultur, eine ausgewogene Balance von gemeinsamen, kooperativen und individualisierten Lehr- und Lernformen sowie die Gestaltung und Pflege der Außenbeziehungen. Aber auch bei der Unterrichtsentwicklung muss das Rad nicht immer wieder neu erfunden werden. So können zum Beispiel die Erfahrungen aus dem SINUS-Programm (www.sinus-transfer.de) leicht herangezogen werden, um den mathematisch-naturwissenschaftlichen Unterricht weiterzuentwickeln.

7. Leiten – verwalten und organisieren

7.1 Verwaltung – alles im Auge behalten

Die Verwaltung der Schule ist vergleichbar mit der Infrastruktur eines Wohnhauses oder einer Wohnung: Strom- und Wasserleitung, Abwasser, Heizung usw. Die Gestaltung der Schule ist vergleichbar mit der Wohnungsgestaltung und umfasst all jene Bereiche, die von der Möblierung über die Raumnutzung bis hin zum Design die Atmosphäre des Hauses kennzeichnen. Wir sind mit unserem Haus bzw. mit unserer Wohnung dann zufrieden, wenn die Infrastruktur fehlerfrei ist und wir die Atmosphäre unserer Behausung ungestört genießen können. Genauso verhält es sich auch in der Schule. Alle, Schulleitung, Lehrerkollegium, Schüler und Eltern, sind dann mit der Schule zufrieden, wenn die Infrastruktur der Schule intakt ist und wenn sich alle ungestört dem Unterricht und der Schulkultur zuwenden können.

Eine Infrastruktur imponiert dann,

- wenn sie so fehlerfrei funktioniert
- und so geräuschlos arbeitet,
- dass man sie gar nicht bemerkt.

Wenn die Heizung brummt oder das Licht flackert, dann fühlen wir uns gestört. Eine Infrastruktur, die sich in das Blick-, Gehör- und Geruchsfeld drängt, empfinden wir als lästig. Deshalb sollte die Infrastruktur Ihrer Schule, also Ihre Verwaltung, reibungslos, geräuschlos und dem Schulziel dienend funktionieren. Folglich müssen Sie Ihre Verwaltung immer im Auge behalten und an deren Optimierung ständig arbeiten. Auch hier gilt das Führungsprinzip: Nicht alles selbst machen wollen, sondern bestimmte Aufgaben an Lehrer, Schüler, Eltern, aber auch Betreuungspersonal, Schulsozialarbeiter, Schulsekretärin und Hausmeister delegieren.

Hierzu ein paar Anmerkungen:

Schulhausmeister und Schulsekretärin wertschätzen

Personalrechtlich ist derjenige für Schulhausmeister und Schulsekretärin zuständig, der den Arbeitsvertrag mit ihnen gefertigt hat. In der Regel ist dies der Schulträger. Schulhausmeister und Schulsekretärin sind aber an Weisungen der Schulleitung gebunden. Ihren Arbeitsumfang setzt der Arbeitsvertrag fest. Weil die Urlaubszeit nach dem Beschäftigungstarif bemessen wird, weicht die Ferienregelung für Hausmeister und Schulsekretärinnen von Ort zu Ort ab. Zumeist ist durch den Arbeitsvertrag geregelt, dass diese ihren persönlichen Urlaub nur innerhalb der Schulferien nehmen dürfen. An manchen Orten arbeiten Schulhausmeister und Schulsekretärin auch in den Ferien, seltener auch als Urlaubsvertretung beim Schulträger. Schulhausmeister und Schulsekretärin sind vielerorts – wie viele Schulleiterinnen und Schulleiter übrigens auch – „Mädchen für alles" und mancherorts für mehrere, meist kleinere Schulen zuständig. Der Schulhausmeister zeichnet dafür verantwortlich, dass sowohl das Schulgebäude als auch das gesamte Schulgelände sauber gehalten werden. Er überwacht die haustechnischen Anlagen, führt kleinere Reparaturen aus, verwaltet das Mobiliar und übernimmt den Winterdienst. Die Schulsekretärin arbeitet der Schulleitung zu und ist Anlaufstelle für Lehrkräfte, Schüler, Eltern, usw. Zu ihren Tätigkeiten zählen neben reinen Bürotätigkeiten (Telefondienst, Terminvereinbarung, Auskünfte erteilen, Schreibarbeiten, Ablage, Schulpost,

Büromaterial beschaffen und verwalten), das Kassen- und Rechnungswesen und die Erledigung von Aufgaben, die aus dem unmittelbaren Schulalltag resultieren: Arbeiten, die sich durch Anmeldung, Aufnahme oder Abmeldung von Schülern ergeben, Listen erstellen und bereitstellen, Schülerkartei führen und pflegen, Krankmeldungen entgegennehmen und weiterleiten, usw. Nehmen Sie sich als Schulleiterin, Schulleiter die Zeit, um mit dem Schulhausmeister und der Schulsekretärin regelmäßig ohne Zeitdruck ins Gespräch zu gehen, um sich gegenseitig auszutauschen, Meinungen einzuholen und anstehende Aufgaben zu besprechen. Vereinbaren Sie auch, wie Schulhausmeister und Schulsekretärin in dringenden Angelegenheiten rasch und problemlos erreichbar sind.

Mit Entschuldigungen sorgfältig umgehen

Wenn ein Schüler, eine Schülerin aus zwingenden Gründen nicht am Unterricht teilnehmen kann, besteht Entschuldigungspflicht. Das heißt, dass der Schule Grund und voraussichtliche Dauer der Verhinderung von den Erziehungsberechtigten oder jenen, denen die Erziehung oder Pflege eines Kindes anvertraut ist, unverzüglich mitzuteilen sind. Die Entschuldigungspflicht ist spätestens am zweiten Tag der Verhinderung mündlich, fernmündlich, elektronisch oder schriftlich zu erfüllen. Erfolgt die Entschuldigung fernmündlich oder elektronisch, ist eine schriftliche Mitteilung binnen drei Tagen nachzureichen. So ist es in der Schulbesuchsverordnung festgelegt. Wir empfehlen Ihnen an Ihrer Schule – insbesondere dann, wenn Sie eine Grundschule leiten – folgende Vereinbarung zu treffen: Fehlt eine Schülerin, ein Schüler bis zu Beginn der zweiten Stunde unentschuldigt, erfolgt ein Rückruf seitens der Schule bei den Erziehungsberechtigten.

Auf Schulschwänzen konsequent reagieren

Längeres oder häufigeres Fernbleiben vom Unterricht verstößt gegen die Schulpflicht. Sie als Schulleiter bzw. Schulleiterin können nicht feststellen, ob eine Schülerin oder ein Schüler lange Zeit krank ist oder die Schule schwänzt. Also müssen Sie zwei Punkte durch Delegation an das Schulsekretariat oder eine Lehrkraft festschreiben: Erstens muss jede Schülerin, jeder Schüler, der länger als ... Schultage fehlt, dieser zuständigen Person gemeldet werden. Zweitens muss der Klassenlehrer die Ursachen der Unterrichtsversäumnisse ermitteln und der zuständigen Person rückmelden: Krankheit, Schulschwänzen usw. Vorsicht vor Vorurteilen und naiver Gutgläubigkeit. Wir würden bei Krankheit dem Schüler einen Genesungswunsch zusenden (Wertschätzung zeigen) oder bei ernster Erkrankung einen Krankenbesuch machen oder in Auftrag geben. Längere unentschuldigte Fehlzeiten dürfen keinesfalls hingenommen werden. Bei Schulschwänzern ist frühzeitiges und konsequentes Reagieren erforderlich. Hierzu sollten alle Beteiligten – Klassenlehrer/in, Eltern, Schulleiter/in – einbezogen werden. Bei Bedarf können weitere schulische und außerschulische Unterstützungssysteme herangezogen, einbezogen und informiert werden: Beratungslehrer, Schulpsychologische Beratungsstelle, Schulsozialarbeiter, Jugendhilfe, Jugendsozialarbeit. Greifen pädagogische Maßnahmen nicht, werden Polizei und Jugendamt eingebunden.

Schulstatistik kontinuierlich pflegen

Die amtliche Schulstatistik wird von Bundesland zu Bundesland verschieden erhoben. Zumeist muss die Schulleitung zwei Statistiktermine beachten:

- Im Frühjahr die Prognose: Sie dient der Erhebung der Schüler- und Klassenzahlen sowie der voraussichtlich vorhandenen Lehrerstunden für das kommende Schuljahr. Sie ist zugleich die Planungsgrundlage für das Landesparlament und die Schulverwaltung für Lehrereinstellung und Personalzuteilung.
- Im Herbst die Hauptstatistik: Sie dient der Bestandserhebung aller statistisch erfassbaren Parameter einer Schule und geht in die Berechnungen der Statistischen Landesämter ein. Sie ist zugleich in den meisten Bundesländern die Berechnungsgrundlage für die Zuteilung von Landesmitteln an die Kommunen zur Abgeltung von Schulträgeraufwendungen.

Wir raten Ihnen, all ihre Schüler-, Klassen- und Personaldaten gewissenhaft und kontinuierlich zu pflegen. Das erspart Ihnen viel Zeit zu den Statistikterminen. Außerdem sind sie immer auf dem aktuellen Stand und so können Ab- und Anfragen stets zeitnah und unproblematisch bearbeitet werden.

7.2 Zuständigkeiten klären

An jeder Schule gibt es vielfältige Aufgaben und Tätigkeiten zu erledigen, für deren Ausübung die Schulleiterin, der Schulleiter grundsätzlich die ungeteilte Gesamtverantwortung trägt. Damit die immense Arbeitsfülle bewältigt werden kann, sollte an jeder Schule klar geregelt sein, wer für die Erledigung bestimmter Aufgaben zuständig ist. Wofür zeichnet zum Beispiel die Schulleiterin, der Schulleiter selbst verantwortlich? Welche Aufgaben übernimmt die stellvertretende Schulleiterin, der stellvertretende Schulleiter? Welche Zuständigkeiten sind den Abteilungsleiter/innen, den Stufenleiter/innen und den Mitgliedern des erweiterten Schulleitungsteams übertragen? Welche Aufgabe erfüllt die/der Präventionsbeauftragte? Wer koordiniert die Ganztagesbetreuung? Wer kümmert sich um die ehrenamtlich Tätigen? Die Zuständigkeiten sollten allen am Schulleben Beteiligten bekannt sein. Deshalb empfehlen wir, einen Geschäftsverteilungsplan für Ihre Schule zu entwickeln. Dort werden die einzelnen Aufgaben beschrieben und die Verantwortlichen benannt. Halten Sie Zuständigkeiten in einem Organigramm fest. Hinterlegen Sie Geschäftsverteilungsplan und Organigramm im Schulportfolio und auf der Schulhomepage.

Hierzu ein paar Anmerkungen:

Die stellvertretende Schulleiterin, den stellvertretenden Schulleiter konsequent einbinden

Der stellvertretende Schulleiter ist der allseitige Vertreter des Schulleiters. An größeren Schulen sind seitens der Kultusverwaltung ein oder zwei Stellvertreter amtlicherseits bestellt. An kleineren Schulen sollte der Schulleiter eine Lehrkraft mit der Stellvertretung beauftragen und diesen Auftrag mit der Schulaufsicht abstimmen.

Aus vielerlei Gründen kann der Stellvertreter von heute auf morgen vor der Aufgabe stehen, die Schule eigenständig zu leiten. Daraus ergeben sich drei Folgerungen:

- Schulleiter und Stellvertreter bilden ein Team. Sie sind **die Schulleitung**. Sie leiten gemeinsam die Schule, vertreten die Schule gemeinsam, sind gemeinsamer Ansprechpartner.
- Schulleiter und Stellvertreter sollten deshalb in Schulleitungsfragen immer gemeinsam angesprochen werden (Dienstbesprechungen, Aus- und Fortbildung usw.) und nach Möglichkeit immer gemeinsam auftreten (Elternbriefe, Konferenzleitung usw.).
- Schulleiter und Stellvertreter sollten einerseits über alle an der Schule laufenden Arbeiten und Pläne informiert sein und andererseits eigene Arbeitsfelder haben.

Unser Rat: Beginnen oder beenden Sie eine Schulwoche nach Möglichkeit immer mit einer gemeinsamen Schulleitungsbesprechung.

Erweitertes Schulleitungsteam einsetzen

Zwischenzeitlich ist an vielen Schulen – an großen insbesondere, aber zunehmend auch an kleineren Schulen – neben der Schulleitung ein erweitertes Schulleitungsteam installiert. Jedem Teammitglied sind besondere Zuständigkeiten übertragen. In regelmäßigen Abständen treffen sich die Mitglieder des Schulleitungsteams zu Besprechungen. Es macht Sinn, für diese Besprechungen im Stundenplan feste Zeitfenster einzuplanen.

Arbeitsbelastungen gerecht verteilen

Woran erkennt man die Gerechtigkeit eines Chefs, einer Chefin besser als an der gerechten Verteilung der Arbeitslasten? Ihre Mitarbeiterinnen und Mitarbeiter erwarten von Ihnen Vertrauen und Gerechtigkeit. Als gerecht wird empfunden, wenn einerseits die Arbeit der Bezahlung entsprechend verteilt und andererseits den langfristig Kranken bzw. schwerbehinderten Lehrkräften Erleichterung gewährt wird. Die Kernbelastung einer Lehrkraft liegt zunächst im Unterricht. Danach bemisst sich traditionell die Deputathöhe des Einzelnen. Zum Lehren und zur Lernberatung kommen je nach Fach und Klassenstufe weitere Beratungs- und Korrekturarbeiten hinzu. Darüber hinaus sind die Übernahme einer Klassenlehreraufgabe, die Gestaltung von außerunterrichtlichen Aktivitäten und die Verpflichtung zu einem schulischen Wahlamt mit Zusatzarbeiten verbunden. Setzt man den Maßstab „gleicher Lohn für gleiche Arbeit" nicht außer Kraft, so müssen Sie als Führender dafür sorgen, dass zunächst jeder in Ihrem Kollegium – je nach Bezahlung – auch Arbeit übernimmt. Wir haben das Wörtchen „zunächst" deshalb eingefügt, weil uns sehr wohl bewusst ist, dass es Situationen gibt, in denen „einer des anderen Last tragen muss".

Nach unserer Erfahrung empfinden es die Kolleginnen und Kollegen als ungerecht, wenn teilzeitbeschäftigte Lehrkräfte als Klassenlehrer eingesetzt sind, während Vollzeitkräfte nur ihre Fächer unterrichten. Wie jeder Lehrer weiß, sind mit der Klassenlehrerfunktion viele zusätzliche Termine (Konferenzen, Elternveranstaltungen aller Art, Ausflüge, Wandertage usw.) verbunden. Eine solche „Schieflage" in der Belastung müssen Sie, wo immer das möglich ist, ausgleichen – z. B. durch Freistellung von weiteren Zusatzaufgaben. Ein Ausgleich ist z. B. auch dadurch möglich, dass Sie das Protokoll in den Schulgremien nicht reihum schreiben lassen, sondern diese Aufgabe für ein halbes oder ganzes Schuljahr einer bestimmten Lehrkraft übertragen. Unterschiedliche Belastungen kann man auch mit der Einteilung zur Pausenaufsicht ausgleichen (Prinzip: halbes Deputat = halbe Aufsichtszeit). Und Belastungen können Sie auch durch Delegation von Aufträgen und durch Übertragung von Zuständigkeiten (z. B. für bestimmte außerunterrichtliche Aktivitäten) an Minderbelastete ausgleichen. In jedem Fall müssen Sie die Belastungsfrage in der Gesamtlehrerkonferenz ansprechen und offensiv vertreten. Gegebenenfalls sollten Sie einem Mitglied des Teams zur Schuljahresorganisation den Auftrag erteilen, die gerechte Arbeitsbelastung bei der Vergabe von Aufgaben fürs neue Schuljahr besonders zu beobachten und darüber zu berichten.

Lehraufträge stärkeorientiert zuweisen

Rechtlich entscheidet die Schulleitung darüber, welche Lehrkraft welches Fach in welcher Klasse unterrichtet. In aller Regel werden aber die Lehrauftragswünsche der Lehrkräfte (zumeist schriftlich) erfragt. Die Gesamtlehrerkonferenz hat in den meisten Bundesländern ein Beratungsrecht (Welche Lehrkräfte könnten in einer bestimmten Schulklasse effektiv zusammenarbeiten?), jedoch keinesfalls ein Beschlussrecht.

Pädagogisch ist die Lehrauftragsverteilung sehr wichtig. Bestimmte Lehrer sind für bestimmte Altersgruppen und für bestimmte Lehraufträge besonders geeignet. Sie als Schulleiter/in sollten die Stärken und Schwächen Ihres Lehrpersonals kennen und die Stärken Ihrer Mitarbeiterinnen und Mitarbeiter zu einer effektiven Lehrauftragsverteilung und damit zu einem effektiven Unterricht nutzen. Keinesfalls sollten Sie „Erbhöfe" bestimmter Lehrkräfte dulden.

Aufsicht, Pausenaufsicht gewissenhaft regeln

An vielen Schulen ist die Pausenaufsicht ungerecht verteilt. Teilzeitkräfte müssen oft genauso viel Aufsicht leisten wie Vollzeitkräfte. Schwierige Aufsichtsposten sind oft den einfachen gleichgestellt. Bewährt hat sich die Vergabe von Punkten für jede Aufsicht im Verhältnis zur Deputathöhe, zu den Aufsichtsorten und ggf. zu einer Schwerbehinderung. So kann die Pausenaufsicht im Schulhof höher bepunktet werden als die im Schulgebäude, die Frühaufsicht (Aufsicht vor der ersten Schulstunde) höher als die Aufsicht am Nachmittag usw.

Beauftragen Sie ein Lehrerteam, das alle Aufsichtszeiten erfasst und nach Zeitumfang und Komplexität bepunktet. Zu Beginn des neuen Schuljahres legt dieses Team der Gesamtlehrerkonferenz einen Aufsichtsplan vor, der die erforderlichen Aufsichten unter Berücksichtigung von Teilarbeit, Alter und Schwerbehinderung gerecht auf alle Lehrkräfte aufteilt.

Urlaubsvertretung festlegen

Vor einem größeren Ferienabschnitt sollten Sie schriftlich festhalten, wann Sie selbst zu erreichen sind und – für die Zeit Ihrer Abwesenheit – wer Sie vertritt und wie diese Person zu erreichen ist (Telefon, Fax, E-Mail). Immer wieder müssen nämlich in der unterrichtsfreien Zeit wichtige Entscheidungen getroffen oder wichtige Maßnahmen durchgeführt werden. Drei Beispiele aus dem Schulalltag:

- Eine Familie zieht aus einem anderen Bundesland in den Schulbezirk Ihrer Schule und muss wissen, ob und unter welchen Bedingungen ihre Kinder an Ihrer Schule aufgenommen werden können.
- Eine pensionierte Kollegin Ihrer Schule stirbt in den Ferien; die Schule muss bei der Trauerfeier angemessen vertreten sein.
- In den Ferien zieht ein schweres Gewitter über Ihre Schule hinweg. Die Feuerwehr will prüfen, ob Sachschäden vorgekommen sind und ob die Versicherung zu benachrichtigen ist. Sie muss wissen, wer die Sachverständigen und die Versicherungsvertreter durch die Schule führen kann.

Geben Sie deshalb die Vertretungsliste nicht nur allen Kolleginnen und Kollegen (damit die bei Bedarf Auskunft geben können), sondern auch dem Hausmeister und der Schulsekretärin. Hinterlegen Sie diese auch beim Bürgermeisteramt und beim Schulamt.

7.3 Umfassend und rechtzeitig informieren bzw. informieren lassen

Alltagsentscheidungen der Schulleitung müssen transparent und nachvollziehbar sein. Dazu gehört auch, dass allen an der Schule Mitwirkenden bewusst ist, welche Rahmenbedingungen an Ihrer Schule herrschen und

verändert werden müssen, damit vereinbarte Entwicklungsziele im Blickfeld bleiben.
Darum müssen Sie Lehrer, Schüler, Eltern und Schulträger rechtzeitig über beabsichtigte Entscheidungen informieren. Lehrerkollegien haben zwar selten zu wenige Informationen. Sie leiden eher unter einer Informationsflut und einem Kommunikationsdefizit. Anders die Eltern und der Schulträger. Sie sind oft nicht umfassend informiert. Wenn also gravierende Änderungen bevorstehen, müssen Sie das mit allen Beteiligten und Betroffenen vorberaten. Meiden Sie Überraschungscoups. Es ist schlechter Führungsstil, wenn Sie die Öffentlichkeit vor den Betroffenen informieren.
Bedenken Sie auch, dass Sie viele und regelmäßige Informationen über Ihre Schule brauchen, um sachgerecht und zielstrebig führen zu können. Das setzt voraus, dass Ihre Mitarbeiter und Mitarbeiterinnen und Ihr ganzes Schulpublikum Ihnen vertrauen. Nur wenn Ihre „Reisegesellschaft" auf Sie baut, erhalten Sie von ihr regelmäßig Informationen. Das setzt bei Ihnen voraus, dass auch Sie in die Fähigkeiten und Leistungen Ihrer Mitstreiterinnen und Mitstreiter Vertrauen setzen müssen, denn sonst stehen Sie bald allein da.

Denken Sie nicht nur an die großen Entscheidungen, sondern auch an die vielen Kleinigkeiten, die Sie im Schulalltag wissen müssen, z. B.:

- Ist allen hinreichend bewusst, was am nächsten Schultag, in der nächsten Sitzung, am nächsten Schulfest von jedem erwartet wird?
- Ist diese oder jene Fachstunde richtig im Stundenplan platziert oder wird z. B. durch lange Wege zum Fachraum zu viel Lernzeit vergeudet?
- Gibt es in der Abschlussklasse zu viele außerunterrichtliche Aktivitäten, die Hektik erzeugen und die Zeit zum Lernen beeinträchtigen?

Hierzu ein paar Anmerkungen:

Schuljahresterminplanung erstellen

Vor Beginn des Schuljahres sollten Sie allen Schulgremien eine Terminplanung vorlegen, die alle regelmäßig wiederkehrenden Pflicht- und Kürtermine vermerkt, einschließlich der Sitzungstermine der Schulgremien und der Schüler- und Lehramtsprüfungen. Vermerken Sie wirklich alle Termine, auch die, die nur Teilgruppen der Schule oder nur die Schulleitung betreffen. Nur so wird deutlich, warum in bestimmten Schulwochen keine weiteren Aktivitäten stattfinden können.

Die für alle Schulen rechtlich vorgeschriebenen Termine sind in Terminplanern der Lehrerverbände und der Schulleiter-Vereinigungen bereits enthalten.

Hinterlegen Sie den Terminplan oder Teile daraus auch auf der Homepage Ihrer Schule.

Schulkonferenz einbinden

Die Schulkonferenz gilt in den meisten Bundesländern als das „Schulparlament", in dem die Lehrkräfte, die Eltern, die Schülerinnen und Schüler (Ausnahme: Grundschule) und die Schulleitung vertreten sind. Unterschiedliche Meinungen und Interessen sollten in diesem Gremium ausgeglichen werden. Als zentrales Organ der Schule verfügt es über Entscheidungs-, Mitbestimmungs- und Anhörungsrechte. Häufig ist es auch als Schlichtungsorgan bei Meinungsverschiedenheiten zwischen einzelnen Gruppen eingesetzt.
Über die Rechte der Schulkonferenz müssen Sie sich im Schulgesetz Ihres Bundeslandes informieren. Unsere Empfehlung: Suchen Sie immer dann, wenn Sie eine Schulentwicklungsmaßnahme einleiten wollen, die Zustimmung der Schulkonferenz zu erreichen.

Elternrechte beachten

Erziehungsberechtigt sind schulrechtlich nur diejenigen, denen rechtsverbindlich das Sorgerecht zusteht. Stiefväter und Stiefmütter, die mit einem Sorgeberechtigten zusammenleben, aber das Kind nicht adoptiert haben, sind nicht sorgeberechtigt. Auch die leibliche Mutter oder der leibliche Vater ist, wenn ihr oder ihm das Sorgerecht nicht übertragen wurde, im schulrechtlichen Sinne nicht sorgeberechtigt.
Nicht sorgeberechtigte Personen können als Begleitperson einer bzw. eines Sorgeberechtigten an Besprechungen mit dem Schulleiter oder mit Lehrkräften teilnehmen. Sie können auch mit Einwilligung der/des Sorgeberechtigten Auskünfte über das Kind erhalten. Sie dürfen auch mit Einwilligung der/des Sorgeberechtigten an Elternabenden teilnehmen. Sie haben dann Gaststatus. Sie sind nicht Mitglieder der Klassenpflegschaft. Sie dürfen bei „Elternwahlen" weder wählen noch gewählt werden. Sind Mutter und Vater geschieden, aber beide sorgeberechtigt, so ist derjenige Elternteil, bei dem das Kind wohnt, der erste Ansprechpartner der Schule. In allen alltäglichen Angelegenheiten, folglich auch in vielen schulischen, besitzt dieser Elternteil das Alleinent-

scheidungsrecht. Einige wenige, aber wichtige Angelegenheiten wie beispielsweise die Wahl des Bildungsweges oder bei Erziehungs- und Ordnungsmaßnahmen liegen in der Verantwortung beider Erziehungsberechtigten. In solchen Fällen muss der Elternteil, der das Alleinentscheidungsrecht innehat, dem anderen Elternteil die Möglichkeit einräumen, zum Gespräch in die Schule mitzukommen.

7.4 Unterrichtsausfall vermeiden

Die Vertretung kurzfristig oder längerfristig abwesender Kolleginnen und Kollegen gehört zum täglichen Geschäft jeder Schule. Dabei ist eines sicher: Unterrichtsausfall muss vermieden werden. Deshalb müssen Sie an Ihrer Schule eine Strategie entwickeln, die Unterrichtsausfall entgegenwirkt. Dazu gehören unserer Ansicht nach die ehrliche Bilanzierung von Vertretungsunterricht in den schulischen Gremien, die Einleitung präventiver Maßnahmen und die Entwicklung eines schulspezifischen Handlungskonzepts, eines schulischen „Eingreifprogramms" bei Unterrichtsausfall:

- Es ist wichtig, dass Sie an Ihrer Schule in den schulischen Gremien den Auftrag und Erfolg eines Vertretungslehrers, einer Vertretungslehrerin einmal ehrlich bilanzieren. Eine solche Lehrkraft kann nicht aus dem Stand das in einer bestimmten Klasse anstehende Unterrichtsthema unterrichten. In Wirklichkeit führt diese Lehrkraft oftmals nur Aufsicht oder betreut die Klasse, während die Schüler bestenfalls nach Plan arbeiten. Wenn man diesen Sachverhalt einmal gründlich durchdacht hat, dann wird Folgendes deutlich: Nicht immer dann, wenn eine Lehrkraft vor einer Klasse steht, wird gelernt. Und nicht immer dann, wenn keine Lehrkraft vor der Klasse steht, wird nicht gelernt. Entscheidend ist also nicht in jedem Fall die Anwesenheit einer Lehrkraft, sondern das Lernverhalten der Schülerinnen und Schüler. Wenn folglich eine Lehrkraft fehlt, muss das nicht zu Leerstunden führen. Daraus kann sinnvolle Lernzeit werden, wenn an Ihrer Schule Materialien zum selbstständigen Lernen bereitgestellt werden, offene Unterrichtsformen eingeübt sind, eine Lernwerkstatt aufgebaut ist sowie Schülermentoren ausgebildet sind (Schüler unterrichten Schüler).
- Maßnahmen zur Vermeidung von Unterrichtsausfall beginnen bereits bei der Schuljahresplanung und Stundenplangestaltung. Nutzen Sie bei der Erstellung der Stundenpläne diese Chance, indem Sie bewusst und gezielt präventive Maßnahmen einleiten. Beispielsweise lassen sich durch die

Erwirtschaftung von Stunden, die Schaffung von Freiräumen, die Einplanung von Parallelunterricht, die Möglichkeit der Zusammenlegung von Gruppen sowie die Bildung von Lehrerteams die Stundenpläne vieler Schulen optimieren. Randstunden sind erfahrungsgemäß leichter zu versorgen. Probleme bereiten meistens die Stunden im Mittelband des Unterrichtsvormittags. Planen Sie hier verstärkt Freistunden oder Parallelunterricht ein. Bei Bedarf, insbesondere bei kurzfristigen Ausfällen, sind sie somit handlungsfähiger. Planen Sie zudem außerunterrichtliche Veranstaltungen und ganztägige Fortbildungsmaßnahmen langfristig vor und berücksichtigen Sie diese in der Jahresplanung.

- Gerade kurzfristige Vertretungen lassen sich ohne Ihr schulspezifisches „Eingreifprogramm" nicht sinnvoll und konfliktfrei lösen. Solche Handlungskonzepte oder „Eingreifprogramme" müssen deshalb Bestandteil der Schulkonzeption (des Schulprogramms) sein. Um ein solches „Eingreifprogramm" möglichst reibungslos organisieren zu können, sollten Sie in der Gesamtlehrerkonferenz Vereinbarungen dazu herbeiführen, die von der Schulkonferenz abschließend genehmigt werden sollten. Mit solchen durch die schulischen Gremien gebilligten Vereinbarungen hat Ihre Schule eine solide Grundlage für die Organisation von Vertretungsunterricht und für die breite Information der Schülerinnen und Schüler und deren Eltern schon zum Schuljahresbeginn – getreu dem Grundsatz: so frühzeitig und so umfassend informieren wie möglich. Damit beugen Sie Konflikten vor.

Bewährt haben sich folgende „Eingreifprogramme":

- Wenn die zu vertretende Lehrkraft oder ein Teammitglied genaue Angaben zum behandelten Lernstoff geben kann und die Vertretungslehrkraft diesen Lernstoff lehren kann: normaler Unterricht.
- Wenn eine Lehrkraft ohne genaue Angaben zum zu behandelnden Lernstoff in die Klasse geschickt werden muss: Rückgriff auf Unterlagen und Materialien aus dem „Schubladenordner bzw. Vertretungsordner" im Lehrerzimmer, der überwiegend Übungsaufgaben enthält oder selbstständige, individualisierte Arbeit der Kinder nach Plan.
- Wenn keine Lehrkraft in die betreffende Klasse geschickt werden kann: Verteilung der Schülergruppen auf andere Klassen und Arbeit im Besucherbuch.

Erläuterungen zum Besucherbuch:
Zu Beginn des Schuljahres stellen die Lehrkräfte einer Klassenstufe ein Besucherbuch für jeden Schüler und jede Schülerin ihrer Klassenstufe her. Das Besucherbuch soll nach Möglichkeit vielfältige Aufgabenstellungen zu den einzelnen Fächern beinhalten. Die Schülerinnen und Schüler einer jeden Klasse werden dann in Gruppen aufgeteilt und einer anderen Klasse zugeordnet. Der Aufteilungsplan hängt in jeder Klasse gut sichtbar aus und ist im Klassenbuch hinterlegt. Fehlt eine Lehrkraft, dann geht beispielsweise Gruppe A der Klasse 3 unaufgefordert in Klasse 4a und Gruppe B in Klasse 2b usw. Dort bearbeiten die Gruppen ausgewählte Aufgaben in ihrem Besucherbuch. Solche und ähnliche Regelungen müssen den Schülern bekannt und eingeübt sein. Und nochmals zur Bekräftigung: Dieses Verständnis von Lernen und Lehren muss Lehrkräften, Eltern und Schülern an praktischen Beispielen verdeutlicht werden.

Maßnahmenkatalog bei kurzfristigem Ausfall von Lehrkräften (eintägig bis mehrwöchig) auf der Ebene der einzelnen Schule

- Schmälerung des Ergänzungsbereichs,
- Klassenzusammenlegung,
- Klassenaufteilung (bspw. Arbeit mit dem Besucherbuch usw.),
- Parallelunterricht,
- Bereitschafts- oder Freistunden,
- selbstorganisiertes, eigenständiges Lernen (Lernwerkstatt, Lernprogramme, offene Unterrichtsformen, Schülerpaten),
- Bezahlter Mehrarbeitsunterricht (MAU),
- „70-Stunden-Lehrkräfte" im Rahmen des Aktionsprogramms „Verlässliche Grundschule" abrufbereit vorhalten,
- Krankheitsreserve der Schulaufsicht anfordern (sofern noch nicht im Einsatz).

Maßnahmenkatalog bei längerfristigem Ausfall von Lehrkräften (mehr als sechs Wochen) nach Rücksprache mit der Schulaufsicht

- Krankheitsreserve anfordern,
- Kurzzeitabordnungen anfordern,
- Teilzeit-Lehraufträge aufstocken,
- befristete Verträge verlängern,
- beurlaubte Lehrkräfte reaktivieren.

7.5 Arbeitsabläufe optimieren

Routinemäßige Abläufe wie beispielsweise Schulanmeldung, Elternabende, Kooperationsmaßnahmen, sportliche Veranstaltungen, Feste und Feiern (Einschulungsfeier, Weihnachtsfeiern, Abschlussfeiern, Schulfeste), Schülergottesdienste, Betriebspraktika, außerunterrichtliche Veranstaltungen, Projekte sind an vielen Schulen durch Prozessbeschreibungen eindeutig und klar geregelt. Sie sind im Schulportfolio hinterlegt und für jeden einsehbar. Achten Sie als Schulleiter, als Schulleiterin auf die Einhaltung der gemeinsam vereinbarten Arbeitsabläufe. Allerdings erfordern veränderte Anforderungen und die Weiterentwicklung der Schule zuweilen, dass bestehende Arbeitsabläufe angepasst werden müssen. Nehmen Sie sich deshalb immer wieder Zeit, um über einzelne Abläufe zu reflektieren. Holen Sie sich hierzu auch von den Schülern, dem Kollegium und den Eltern Rückmeldung ein. Greifen Sie Rückmeldungen und Vorschläge zur Verbesserung auf und ziehen Sie daraus die notwendigen Konsequenzen. Entwickeln Sie Verfahren, um bei Bedarf einzelne Arbeitsabläufe zu optimieren.

Hierzu ein paar Anmerkungen:

Abschlussfahrten, Ausflüge, Schullandheimaufenthalte, Studienfahrten
Ausflüge, Wandertage, Abschlussfahrten, Schullandheimaufenthalte, Studienfahrten usw. werden aufgrund der finanziellen Engpässe in vielen Familien und wegen des veränderten Urlaubsverhaltens in unserer Gesellschaft nicht mehr so positiv bewertet wie noch vor 10 oder 15 Jahren. Auch in der Pädagogik setzt sich wieder der Grundgedanke durch, dass die Schule nicht mit Reisebüros konkurrieren sollte und Kinder und Jugendliche nicht alle Lebensgenüsse schon vor dem 18. Geburtstag gekostet haben müssen. Deshalb ist es wichtig, die Entscheidung für außerunterrichtliche Aktivitäten nicht dem einzelnen Lehrer bzw. der einzelnen Klasse zu überlassen, sondern ein Rahmenkonzept für solche besonderen Schultage zu erarbeiten. Für Klassenausflüge wäre festzulegen: Klassenstufe, Art der Veranstaltung, geografisches Zielgebiet, Zeitdauer, maximale Kosten, Möglichkeiten der Kostenminimierung, Hilfen für bedürftige Schüler. Dann gibt es in Elternabenden keinen Streit darüber, wohin der Klassenausflug gehen kann. Dann weiß auch jede Lehrerin und jeder Lehrer schon vor Übernahme einer Klassenlehreraufgabe, welche außerunterrichtlichen Aktivitäten zu planen und zu betreuen sind.

Abschlussfeier, Einschulungsfeier, Schulfeier, Schulfest
„Alles hat ein Ende, nur manche Schulfeier findet keines", spotten Leidtragende von Schulfeiern schon allerorten. Höchst selten dauert eine Fernsehsendung länger als zwei Stunden, weil dann Überlängen einzelner Beiträge langweilig wirken. Schulfeiern und Schulfeste dauern leider oft sehr lange; die Besucher langweilen sich. Der Maßstab einer öffentlichen Veranstaltung ist das Publikum, nicht der Veranstalter. Wer sich diesem Maßstab nicht unterwerfen will, der muss statt einer öffentlichen Feier eine amtsinterne (z. B. im Lehrerzimmer im Rahmen einer Gesamtlehrerkonferenz) anstreben. Wer aber eine öffentliche Feier will, der darf sein Publikum nicht langweilen. Das Publikum ist nicht der „Mülleimer" für Selbstdarstellungen und langatmige Darbietungen. Deshalb Qualität vor Quantität: Statt vier einstimmige Lieder mit Keyboardbegleitung lieber ein zweistimmiges Lied; statt sechs Strophen lieber zwei.

7.6 Konferenzen straff und ergebnisorientiert leiten

Im schulischen Bereich gibt es eine Vielzahl von Konferenzen: Schulkonferenz, Gesamtlehrerkonferenz (GLK), Schulart-, Stufen-, Abteilungskonferenz, Klassen-, Jahrgangsstufenkonferenz, Fachkonferenz. Ihre Zusammensetzungen, Rechte, Zuständigkeiten und Verfahrensabläufe sind im Schulgesetz und in den Konferenzordnungen hinterlegt. Die Schulkonferenz ist das „gemeinsame und höchste Organ" der Schule. In ihr sind Schüler, Eltern und Lehrkräfte paritätisch vertreten. Die Gesamtlehrerkonferenz ist zuständig für alle allgemeinen Fragen bezüglich Erziehung und Unterricht an der Schule. Das bedeutet, dass grundlegende Entscheidungen in pädagogischen Fragen nicht ohne Zustimmung der GLK getroffen werden können. Der Schulleiter ist Vorsitzender der Schulkonferenz und der Gesamtlehrerkonferenz. Er leitet und verwaltet die Schule und zeichnet für alle Belange der Schule verantwortlich. Dabei wird er von der Gesamtlehrerkonferenz unterstützt. Daraus resultiert eine wechselseitige Verpflichtung von Schulleiter/in und Gesamtlehrerkonferenz. Als Schulleiter/in ist man verpflichtet, das Kollegium durch Information und Beratung einzubeziehen sowie dessen Anregungen aufzugreifen. Die Gesamtlehrerkonferenz hingegen ist verpflichtet, den Schulleiter, die Schulleiterin bei der Arbeit zu unterstützen. Konferenzen müssen gut vorbereitet, durchgeführt und nachbereitet werden. Als Vorsitzende, Vorsitzender der GLK und der Schulkonferenz beispielsweise legt der Schulleiter, die Schulleiterin die Tagesordnung fest, lädt termingerecht ein und leitet die Konferenz. Wir empfehlen Ihnen rechtzeitig zu klären, wer bei der Durchführung der Konferenz für welchen Tagesordnungspunkt verantwortlich zeichnet. Wir empfehlen Ihnen auch, Teilnehmerinnen und Teilnehmern wichtige Unterlagen vorab zukommen zu lassen, damit sich die Kolleginnen und Kollegen mit dem Sachverhalt vertraut machen können. Lassen Sie offen diskutieren. Versuchen Sie, Vereinbarungen und Ergebnisse im Konsens zu erzielen. Achten Sie aber bei der Durchführung der Konferenz auf eine straffe Leitung und halten Sie den geplanten Zeitrahmen unbedingt ein. Stellen Sie Verbindlichkeit her, indem Sie im Nachgang der Konferenz anhand einer Prüfliste kontrollieren, dass Absprachen und Vereinbarungen eingehalten werden.

Hierzu ein paar Anmerkungen:

Konferenzbeschlüsse

Beschlüsse der Gesamtlehrerkonferenz und der Schulkonferenz sind sowohl für die Lehrkräfte als auch für die Schulleitung rechtsverbindlich. Ausnahmen: Die Beschlüsse sind rechtswidrig oder sie übersteigen die Zuständigkeit dieses Gremiums. In einem solchen Fall legen Sie als Schulleiter bzw. Schulleiterin Veto gegen einen solchen Beschluss ein. Bleibt beispielsweise die Gesamtlehrerkonferenz bei ihrem Beschluss, so legen Sie diesen der Schulaufsichtsbehörde zur Überprüfung vor. Als Grundsatz gilt in allen Bundesländern: Die Gesamtlehrerkonferenz legt die Richtlinien für die pädagogische Arbeit an der Schule fest (mit Ausnahme der Aufgabenfelder, die der Schulleitung nach Schulgesetz vorbehalten bleiben). Die Schulleitung trifft aufgrund dieser Richtlinien die Entscheidung im Einzelfall.

Ergebnisprotokolle

Es empfiehlt sich, die Beschlüsse aller schulischen Gremien in Ergebnisprotokollen zu erfassen und diese elektronisch zu speichern. Sachstichwort, Beschlusstermin, „Verfalldatum" nicht vergessen. „Verfalldatum" meint: Im Schulprogramm sollte geregelt sein, dass die Beschlüsse der Gremien nach einer bestimmten Frist (z. B. nach fünf Jahren) verfallen, es sei denn, sie bleiben durch erneuten Beschluss bis zur nächsten Frist gültig. Jede Lehrkraft, die neu an die Schule kommt, und jede Elternvertretung, die neu gewählt wird, erhält einen Ausdruck aller Konferenzbeschlüsse und ist so über alle an der Schule geltenden Regelungen informiert. Auch lässt sich mithilfe einer solchen Datei das „Verfalldatum" der Beschlüsse überwachen.

7.7 Ressourcen zweckdienlich ausschöpfen

Im Zuge der zunehmenden Eigenständigkeit der Schule gewinnt die Budgetierung an Bedeutung. Dabei ist in Deutschland die Unterscheidung von inneren und äußeren Schulverhältnissen wichtig.

Die Länder sind für die inneren Schulverhältnisse zuständig, für die pädagogische und inhaltliche Seite der Schule, für das Lehren und Lernen. Lehrkräfte stehen im Dienst des Landes. Sie sind meist verbeamtet. Die Kosten für das pädagogische Personal trägt das Land. In Baden-Württemberg beispielsweise können darüber hinaus im Rahmen der Personalausgabenbudgetierung für einen Teil der Lehrerwochenstunden Haushaltsmittel zur eigenständigen Bewirtschaftung beantragt werden. Ebenso kann ein bestimmter Anteil der zugewiesenen Stunden im Ganztagsbetrieb der Grund- und Förderschulen monetarisiert werden.

Die Kommunen als Schulträger hingegen zeichnen für die äußeren Schulverhältnisse, den Sachbedarf verantwortlich: Lehr- und Lernmittel, Bau und Unterhalt, Mobiliar und Geräte. Auch stellen sie das Verwaltungspersonal. In vielen Ländern ist die Zuweisung eines Schulbudgets seitens der Kommunen üblich. Jedoch ist Budgetierung nicht gleich Budgetierung. Es zeigen sich von Schulträger zu Schulträger merklich Unterschiede bezüglich Haushaltsstellen, Kostenarten und Flexibilisierung des Haushaltsvollzugs. Welche Haushaltsstellen und Kostenarten sind in die Budgetierung eingebunden? Sind die Haushaltsstellen gegenseitig deckungsgleich? Können Haushaltsmittel ins nächste Haushaltsjahr übertragen werden? Verbleiben eingesparte Mittel bei der Schule? Die Höhe des zugewiesenen Budgets orientiert sich meist an der Zahl der Schülerinnen und Schüler. Für Schulentwicklungsprojekte kann ein zusätzlicher Betrag zugewiesen werden. Aber Vorsicht: Neuerungen sind meistens kostspielig und ziehen Folgekosten nach sich. Dies muss im Vorfeld unbedingt bedacht und sorgfältig kalkuliert werden. Das vom Schulträger zugewiesene Budget bewirtschaftet die Schule dann eigenständig und eigenverantwortlich. Aufgabe der Schulleitung ist es, dafür zu sorgen, dass die Ressourcen, die der Schule zur Verfügung stehen, zweckdienlich ausgeschöpft werden.

Hierzu ein paar Anmerkungen:

Anforderung und Verwendung der Haushaltsmittel

Folgendes Vorgehen hat sich bei der Anforderung der Haushaltsmittel beim Schulträger bewährt:

- Sammlung von Wünschen in den Stufen-, Klassen- und Fachkonferenzen.
- Erstellung eines Haushaltsentwurfs durch den Schulleiter, die Schulleiterin bzw. den Haushaltsausschuss.
- Beratung in der Gesamtlehrerkonferenz.
- Beratung und Beschluss in der Schulkonferenz.
- Termingerechte Vorlage des Haushaltsentwurfs durch den Schulleiter, die Schulleiterin beim Schulträger.
- Haushaltsberatung des Stadt- bzw. Gemeinderats.
- Zuweisung des Budgets durch den Schulträger an die Schule.
- Beratung in der Gesamtlehrerkonferenz und Erstellung eines schulinternen Haushaltsplans.
- Einberufung und Information der Schulkonferenz; Stellungnahme der Schulkonferenz ist möglich.
- Abschließende Entscheidung der Gesamtlehrerkonferenz über die Verwendung des zur Verfügung gestellten Budgets.

An vielen Schulen wird das Budget auf unterschiedliche Ebenen verteilt: auf Schulstufen, Abteilungen oder Fachbereiche. Das zugewiesene Budget wird dann auf der entsprechenden Ebene eigenverantwortlich bewirtschaftet, beispielsweise für die Einführung und Beschaffung neuer Lehr- und Lernmittel.
Hat ein Schulträger mehrere Schulen zu versorgen, so raten wir diesen Schulen dringend, bevor der Haushaltsplan beim Schulträger eingereicht wird, diesen unter Vorsitz des geschäftsführenden Schulleiters untereinander abzustimmen.

Klassenetat

Wir empfehlen Ihnen, die Gesamtlehrerkonferenz eine längerfristig geltende Regelung zur Zuweisung eines Klassenetats beschließen zu lassen. Jede Klasse erhält so pro Schuljahr einen bestimmten Betrag zur selbstständigen Bewirtschaftung durch den Klassenlehrer. Aus diesen Mitteln werden alle klassenbezogenen Verbrauchsmaterialien (Knete, Bastelmaterialien usw.) beschafft.

Nicht vom Klassenetat werden bezahlt: Lernmittel, technische Geräte, Lehrmittel. Ebenfalls nicht vom Klassenetat werden Büromaterialien bezahlt. Diese werden vom Sekretariat zentral beschafft und bezahlt.
Alle aus dem Klassenetat bezahlten Materialien müssen mit Rechnung belegt werden. Jede Rechnung muss den Namen der Schule (nicht der Lehrkraft) nennen und die gekauften Dinge genau angeben. Kassenzettel, die nur eine Gesamtsumme ausweisen, genügen nicht. Der Klassenlehrer übergibt zum Schluss des Schul- bzw. Rechnungsjahres der Schulleitung die Buchführung über den Klassenetat samt Rechnungsbelegen.

Unterstützung durch den Förderverein der Schule

Auch Schulfördervereine unterstützen Schulen finanziell. Darüber hinaus können Sie Projektträger, Betreiber von Schülercafés und Mensen, Arbeitgeber für Betreuungs-, Hilfs- und Honorarkräfte und „Marketinginstrument" für die Schule sein. Auch können Schulfördervereine einzelne, bedürftige Schülerinnen und Schüler unterstützen. Wenn der Förderverein der Schule eine Spende macht und diese zweckgebunden ist, ist diese Zweckbindung auch zu beachten. Bei Anerkennung des Vereins als gemeinnützig, besteht die Möglichkeit, Spenden an den Förderverein steuerlich abzusetzen. Nähere Informationen zur Thematik sind übers Internet beispielsweise beim *Landesverband der Schulfördervereine für Baden-Württemberg* abrufbar unter: www.lsfv-bw.de.

Sponsoring

Sponsoring kann durch die Zuwendung von Geld-, Sach- und Dienstleistungen von Wirtschaftsunternehmen oder Privatpersonen in bestimmten Bereichen unterstützend und ergänzend erfolgen und ist im Einzelfall sorgfältig abzuwägen, zu prüfen und abzustimmen. Diesbezüglich verweisen wir Sie auf die Beachtung geltender gesetzlicher Regelungen.

Schulkonten

Schulen verfügen über keine eigenen Konten. Deshalb werden in der Regel Fördermittel für bestimmte (staatliche) Programme und Projekte, Zuwendungen im Rahmen von „Sponsoring" und Zuwendungen des Schulfördervereins über die Kasse des Schulträgers abgewickelt.

Für innere Schulangelegenheiten, wie beispielsweise bezüglich der Finanzierung eines Schullandheimaufenthalts oder einer Studienfahrt, kann ein zweckgebundenes Treuhandkonto eingerichtet werden. Wir empfehlen Ihnen jedoch, dieses Treuhandkonto von der Elternvertretung der entsprechenden Klasse einrichten und verwalten oder prüfen zu lassen. Zum Schluss hierzu noch eine Anmerkung: „Schwarze Kassen" dürfen Sie als Schulleiter/in auf gar keinen Fall dulden!

7.8 Krisen vorausdenken und managen

Schule ist kein krisenfreier Raum. Neben dramatischen Ereignissen wie Amoklauf, Geiselnahme, Bombendrohung, Brand, Unglücksfall, Tod oder Suizid im schulischen Umfeld können beispielsweise Vorkommnisse wie Mobbing, Sachbeschädigung, Stromausfall, selbstverletzendes Verhalten eine schwerwiegende schulische Krisensituation auslösen. Um in Krisensituationen schnell und angemessen handeln zu können, ist es unabdingbar, auf solche Vorkommnisse gut vorbereitet zu sein. Dies erfordert ein abgestimmtes und überlegtes Handeln. Deshalb muss an jeder Schule ein Kriseninterventionsplan erstellt sein. Wir empfehlen Ihnen dringend, dafür Sorge zu tragen, dass an Ihrer Schule

- ein schulinternes Krisenteam eingerichtet ist, bestehend aus der Schulleitung und weiteren sachdienlichen Personen;
- den Mitgliedern des Krisenteams bestimmte Aufgaben zugewiesen sind, beispielsweise Verantwortlicher für Erste Hilfe, Sicherheitsbeauftragter, Verantwortlicher für Fürsorge und Beratung, Verantwortlicher für Pressearbeit, Verantwortlicher für Elternkontakt;
- ein schulinterner Krisenplan (Notrufnummern, Mitglieder des Krisenteams und deren Aufgabenzuweisung, Alarmierungs- und Erreichbarkeitsliste, Angaben zum Gebäude) in Abstimmung mit dem Schulträger und der zuständigen Polizeidienststelle erstellt ist.

Darüber hinaus müssen Sie als Schulleiter/in unbedingt darauf achten, dass der schulinterne Krisenplan gepflegt und aktualisiert wird. Berufen Sie zu Beginn des Schuljahres und bei Bedarf das Krisenteam ein. Bewahren Sie den Krisenplan an einem zentralen Ort auf und hinterlegen Sie ihn im Schulportfolio. Gewährleisten Sie, dass jedermann jederzeit auf den Krisenplan zugreifen kann. Halten Sie ihn z. B. an der Schrankinnentür im Rektorat, gut sichtbar

ausgehängt im Sekretariat, rot gerahmt im Lehrerzimmer bereit. Und vor allem, sorgen Sie dafür, dass alle Beteiligten im Vorfeld über das richtige Verhalten in Krisenfällen geschult sind.
Im Übrigen verweisen wir auf die länderspezifischen Verordnungen und Regelungen, für Baden-Württemberg beispielsweise auf die Gemeinsame Verwaltungsvorschrift des Kultusministeriums, des Innenministeriums und des Umweltministeriums über das „Verhalten an Schulen bei Gewaltvorfällen und Schadensereignissen" sowie auf „Handlungshilfe für Schulleitungen in Baden-Württemberg".

Hierzu ein paar Anmerkungen:

Tod eines Schülers, einer Schülerin
Der Tod eines Kindes ist das Schrecklichste, was einer Familie widerfahren kann. Der Tod einer Mitschülerin, eines Mitschülers wühlt eine Klasse über Wochen sehr stark auf.
Deshalb muss die ganze Schule beim Tod eines Kindes mit größtmöglichem Fingerspitzengefühl handeln. Sie als Schulleiter/in sind hier persönlich gefordert.
Prüfen Sie zuerst, ggf. nach Beratung im Kollegenkreis und mit Elternvertretern, wie die Schule der trauernden Familie ihre Anteilnahme zeigen kann und wie die Schulklasse und die ganze Schülerschaft in die Trauer einbezogen werden können.

Mögliche Handlungsformen:

- Gesprächsangebote auf unterschiedlichen Ebenen (Klasse, Kollegium, Einzelpersonen, ggf. Angehörige) unterbreiten;
- Traueranzeige der Schule, der Schulklasse;
- Kondolenzbesuch (nur dann, wenn das die Trauerfamilie zulässt);
- Kondolenzschreiben der Schulleitung, der Schulklasse;
- Mitgestaltung des Trauergottesdienstes durch Schülerinnen und Schüler;
- Trauerraum und Trauerort zeitlich begrenzt einrichten;
- Trauerrituale einüben (Gedenkminute; ein Zeichen der Hoffnung setzen, indem auf dem Schulgelände ein Bäumchen gepflanzt wird);
- in einigem zeitlichen Abstand: Einladung der Familie in die Schulklasse.

Schülersuizid, versuchter Schülersuizid

Um die vorletzte Jahrhundertwende übten Schule, Eltern und Gesellschaft so großen Druck auf die Schülerinnen und Schüler aus, dass die Zahl der Schülerselbstmorde sprunghaft anstieg. Ältere pädagogische Lexika enthalten deshalb fast immer einen einschlägigen Beitrag dazu, auch statistisches Material. Die große Zahl an Schülerselbstmorden hat dann einerseits zu einer eigenen literarischen Gattung, den sogenannten Schülerromanen geführt (z. B. Friedrich Torberg: „Der Schüler Gerber"), und andererseits zu schulorganisatorischen Veränderungen (z. B. „Mannheimer Schulsystem") und schulpsychologischen Folgerungen (z. B. Einschulungstests).
Die Zahl der Schülerselbstmorde ist gegenwärtig immer noch erschreckend hoch, auch wenn darüber in der Öffentlichkeit aus verständlichen Gründen meist nicht diskutiert wird. Im Internet finden Sie Analysen und Statistiken dazu. Suizidandrohungen sollten Sie als Schulleiter/Schulleiterin immer ernst nehmen. Nach unserer Erfahrung reicht es aber nicht aus, mit einem/einer selbstmordgefährdeten Schüler/in nur zu reden. Schalten Sie sowohl die betroffenen Eltern als auch einen Schulpsychologen, ggf. auch das Jugendamt ein. Beauftragen Sie Ihren Vertrauenslehrer, er möge sich über Hilfsmöglichkeiten für suizidgefährdete Schüler informieren und für Ihre Schule ein Interventionsverfahren in Absprache mit Fachleuten entwerfen.

Tod eines Lehrers, einer Lehrerin

Der Tod eines aktiven oder pensionierten Kollegen kann, je nach den Umständen des Todes, in einer Schule eine Krise auslösen. Kondolenzbesuche, Kondolenzschreiben, Traueranzeige in der Tageszeitung, Nachruf in der Kirche oder am Grab, Kranzspende sind die üblichen Reaktionen. Sie reichen aber vor allem dann nicht aus, wenn der Tod das Kollegium oder die Schüler verstört. Immer dann, wenn der Tod z. B. im Beisein von Schülern eingetreten ist, müssen Sie umsichtig und feinfühlig reagieren und auch auf die Betroffenheit der jungen Menschen eingehen. In jedem Bundesland gibt es dazu Schulpsychologen, die Sie in solchen Fällen umgehend einschalten und um Hilfe vor Ort bitten können. Auch für diesen Fall gilt: Vorsorge treffen. Nicht warten, bis die Krise da ist. Beauftragen Sie jemanden damit, für einen solchen Eventualfall einen Plan zu erstellen: Was ist zu tun? Wie kann man es am besten tun? Verordnungen (also landesspezifische Vorschriften über Traueranzeige, Kranzspende, Nachruf sind zu beachten), Beratungsdienste, Interventionsteams, Anschriften, Rufnummern usw. in einer „Kriseninterventionsmappe" zusammenstellen. Denken Sie daran: Auch in Ihrem Urlaub kann ein Todesfall eintreten. Wer soll dann für Sie handeln? Regeln Sie deshalb bei mehrtätiger Abwesenheit Ihre Vertretung. Hinterlegen Sie die Mappe an einem leicht zugänglichen Platz.

7.9 Schule als Behörde

Soweit die Schule Verwaltungsakte (siehe dort) erlässt, gilt sie als untere Sonderbehörde. Damit ist gemeint: Die Schule hat nicht nur pädagogische Aufgaben, sondern übt auch hoheitliche Befugnisse aus und erlässt Verwaltungsakte, also „Einzelfallregelungen mit Außenwirkung". Im Fall eines Widerspruchs gegen einen von der Schule erlassenen Verwaltungsakt hat die Schule in erster Instanz selbst über den Widerspruch zu entscheiden. Kann die Schule dem Widerspruch nicht abhelfen, so ist die im jeweiligen Landesrecht vorgesehene Schulaufsichtsbehörde in zweiter Instanz verpflichtet, den Widerspruch erneut zu prüfen.

Betriebsverhältnis, innerbetriebliche Maßnahmen
Schulinterne Maßnahmen wie Lehrauftragsverteilung, Aufteilung der Schulklassen auf verschiedene Schulgebäude, Pausenaufsichtsregelung, Anweisungen der Schulleitung an Lehrkräfte, Bücherbestellungen usw. regeln den inneren Betrieb der Schule und sind keine Verwaltungsakte. Widersprüche gegen diese Maßnahmen sind meist nicht möglich, wohl aber Beschwerden beim Vorgesetzten.

Verwaltungsakt
Was im privatrechtlichen und wirtschaftlichen Bereich der Vertrag ist, das ist in der öffentlichen Verwaltung der Verwaltungsakt. Ein Verwaltungsakt ist also jede Verfügung, Entscheidung oder hoheitliche Maßnahme einer Behörde, die einen Einzelfall auf dem Gebiet des öffentlichen Rechts trifft und die eine Rechtswirkung nach außen hat.

Ein Verwaltungsakt hat folglich vier Merkmale:

- hoheitliche Maßnahme auf dem Gebiet des öffentlichen Rechts;
- Behörde (die Schule ist auch eine Behörde);
- Regelung eines Einzelfalls: Verwaltungsakte sind konkret und speziell;
- Rechtswirkung nach außen: Für den Einzelfall ändert sich die bestehende Rechtslage.

Interne Maßnahmen (siehe das Stichwort „innerbetriebliche Maßnahmen") sind keine Verwaltungsakte, sie regeln den inneren Betrieb. Verwaltungsakte dagegen richten sich an außenstehende Personen oder Institutionen, also gegenüber Dritten. Gegen einen Verwaltungsakt ist ein Widerspruchsverfahren möglich.

Individualrechtsschutz, Widerspruchsverfahren

Klage vor Gericht gegen einen Verwaltungsakt ist nur möglich, wenn ein Vorverfahren durchgeführt worden ist. Im Vorverfahren sollen die Rechtmäßigkeit und die Zweckmäßigkeit eines Verwaltungsaktes von der Behörde selbst, die den Verwaltungsakt erlassen hat, nachgeprüft werden. Erst danach kann ein Gericht in Anspruch genommen werden.

Das Vorverfahren beginnt immer mit der Erhebung des Widerspruchs. Es wird deshalb auch als Widerspruchsverfahren bezeichnet. Der Widerspruch muss immer bei derjenigen Behörde erhoben werden, die den Verwaltungsakt gefertigt hat. Das bedeutet: Gegen einen Verwaltungsakt einer Schule muss bei der Schule selbst (und nicht bei der Schulaufsichtsbehörde) der Widerspruch eingereicht werden.

Rechtsschutzgarantie

Das deutsche Grundgesetz bestimmt in Art. 19 Abs. 4: „Wird jemand durch die öffentliche Gewalt in seinen Rechten verletzt, so steht ihm der Rechtsweg offen." Daraus ergeben sich die folgenden Rechtsschutzverfahren gegen jede Rechtsverletzung im Schulbereich (sog. Individualrechtsschutz):

- Leistungs- und Unterlassungsklage gegen Verwaltungshandeln der Schule, z. B. ehrverletzende Einträge ins Klassenbuch, Indoktrination im Unterricht.
- Anfechtungsklage gegen Verwaltungsakt der Schule, z. B. Unterrichtsausschluss, Note im Abschlusszeugnis.
- Verpflichtungsklage, weil kein Verwaltungsakt gefertigt wurde, z. B. Nichtversetzung, Nichtaufnahme in die Schule.
- Unterlassungsklage gegen Rechtsnorm, z. B. gegen Lehrplan bzw. konkreten Unterricht aufgrund eines Lehrplans, Normenkontrollverfahren beim Verwaltungsgericht des jeweiligen Bundeslandes.

Weil die Schule auch eine Behörde ist, ist sie bei selbst erlassenen Verwaltungsakten Widerspruchsbehörde in erster Instanz. Sie muss den Widerspruch gegen einen erlassenen Verwaltungsakt in einem förmlichen Verfahren korrekt und unparteilich durchführen. Das Widerspruchsverfahren ist ein zwingend vorgeschriebenes Vorverfahren, ohne das kein verwaltungsgerichtliches Verfahren (Klage vor einem Verwaltungsgericht) möglich ist.

Selbsteintrittsrecht der Schulleitung

Die Schule wird als selbstständige Institution gesehen, in der vor allem Gerechtigkeit gelten muss. Die Schulleitung ist nicht Partei, sondern Hüterin der Gerechtigkeit, in Konfliktfällen deshalb in der Schiedsrichterrolle.

Der Schulleitung steht in den meisten Bundesländern das Recht zu, von Fachlehrkräften erteilte Noten abzuändern, allerdings nur unter Beachtung der geltenden Regeln, z. B.

- beschlossene Grundsätze der Notengebung wurden nicht eingehalten;
- sachfremde Erwägungen haben bei der Notengebung eine Rolle gespielt;
- unrichtige Tatsachen wurden der Notengebung zugrunde gelegt;
- die Schülerleistung wurde willkürlich bewertet.

Bei der Überprüfung der Noten hat der Schulleiter das Recht, mindestens im gleichen Umfang wie ein Verwaltungsgericht vorzugehen.

8. Lenken – kommunizieren, kooperieren und moderieren

Ein in der Meditation erfahrener Mann wurde einmal gefragt, warum er trotz seiner vielen Beschäftigungen immer so gesammelt sein könne.
Dieser sagte:
Wenn ich stehe, dann stehe ich.
Wenn ich gehe, dann gehe ich.
Wenn ich sitze, dann sitze ich.
Wenn ich esse, dann esse ich.
Wenn ich spreche, dann spreche ich.
Da fielen ihm die Fragesteller ins Wort und sagten: Das tun wir auch. Aber was machst du noch darüber hinaus?
Er sagte wiederum:
Wenn ich stehe, dann stehe ich.
Wenn ich gehe, dann gehe ich.
Wenn ich sitze, dann sitze ich.
Wenn ich esse, dann esse ich.
Wenn ich spreche, dann spreche ich.
Wieder sagten die Leute: Das tun wir auch.
Er aber sagte zu ihnen:
Nein!
Wenn ihr sitzt, dann steht ihr schon.
Wenn ihr steht, dann lauft ihr schon,
wenn ihr lauft, dann seid ihr schon am Ziel.
(Ein Zen-Mönch)

Das Credo des Führens lautet: kommunizieren, kooperieren und moderieren. Ohne reibungslose Kommunikation und enge Kooperation gewinnen Sie die Schulgemeinde nicht für anstehende Veränderungsprozesse. Ohne kompetente Moderation begeistern Sie Ihre Mannschaft nicht für Neuerungen.
Das alles muss sich in einer Begegnungs-, Gesprächs- und Alltagskultur ausdrücken, in der sich jedermann angenommen weiß. Dazu gehören viele kleine Signale im Lauf eines Tages, einer Woche und eines Jahres. Nur so kann Wertschätzung gedeihen, ohne die sich niemand ernst genommen fühlt.

Das kostet Sie viel Zeit und Kraft. Darum müssen Sie sich an anderer Stelle entlasten. Machen Sie Betroffene zu Beteiligten! Übertragen Sie Zuständigkeiten für möglichst viele der immer wiederkehrenden Ereignisse und Aufgaben stärkeorientiert an Ihre Mitarbeiterinnen und Mitarbeiter!

8.1 Im Bilde sein – über sich selbst

Denkanstoß: Die Menschen glauben den Augen mehr als den Ohren.
(Seneca)

Vorbild sein

Als Schulleiterin, als Schulleiter steht man immer im Rampenlicht. Deshalb müssen Sie die Werte und Verhaltensweisen, die Sie von anderen erwarten, auch selbst vorleben. Alle, Schülerinnen und Schüler, Lehrkräfte und Eltern, beobachten sehr genau, wie Sie sich verhalten, was Sie tun und unterlassen. Sie erkennen Ihre Gestimmtheit am Schritt, lesen Ihren Gemütszustand aus Mimik und Gestik ab und erkennen am Tonfall, was die Stunde geschlagen hat. Die vielen kleinen Beobachtungen fügen sich sehr rasch zu einem Bild, das von Ihnen als Schulleiterin, als Schulleiter gezeichnet wird.

Deshalb müssen Sie die Begegnungs-, Gesprächs- und Alltagskultur an Ihrer Schule umsichtig und nachhaltig gestalten. Hierzu ein paar Anregungen.

- **Anwesenheit:** Beginnen Sie Ihren Arbeitstag frühzeitig vor der ersten Schulstunde. So lassen sich unvorhersehbare Dinge noch vor Unterrichtsbeginn in aller Ruhe klären. Solange Schülerinnen und Schüler im Schulhaus sind, sollten Sie oder Ihre Stellvertretung anwesend sein. Halten Sie sich die große Pause von allem frei. Verbringen Sie die große Pause nach Möglichkeit immer im Lehrerzimmer.
- **Pünktlichkeit:** Halten Sie Termine pünktlich ein. Das ist ein Zeichen von Höflichkeit und drückt Ihren Respekt gegenüber den Gesprächspartnern aus. Nicht umsonst heißt es, Pünktlichkeit ist die Tugend der Könige. Pünktlichkeit bezieht sich auch darauf, dass Aufgaben pünktlich, zuverlässig und korrekt erledigt werden.

- **Höflichkeit:** Begrüßen Sie die Lehrkräfte mit Handschlag und die Schülerinnen und Schüler wenigstens hin und wieder (nach großen Ferienabschnitten zum Beispiel) an der Schultür.
- **Willkommenskultur:** Stellen Sie jede neue Lehrkraft dem Kollegium vor, überreichen Sie ihr die wesentlichen Schuldokumente, führen Sie sie durchs Haus und ordnen Sie ihr eine Patin oder einen Paten zu. Laden Sie die gewählten Elternvertreter regelmäßig zum Gespräch bei Kaffee und Tee ein. Organisieren Sie hin und wieder Treffen mit den Pensionären der eigenen Schule (ehemalige Schulleitung, Lehrkräfte, Hausmeister, Schulsekretärin).
- **Gesprächskultur:** Signalisieren Sie durch eine offene Rektoratstür, dass Sie gesprächsbereit sind. Wenn Sie nicht gestört werden wollen, schließen Sie die Tür. Führen Sie wichtige Gespräche niemals zwischen Tür und Angel, sondern stets in einem geschützten Rahmen. Beachten Sie bei Gesprächen die allgemein gültigen Regeln. Was vertraulich im Vier-Augen-Gespräch gesagt wird, muss vertraulich bleiben. Äußern Sie sich gegenüber Dritten nie negativ über Mitarbeiter und Mitarbeiterinnen. Das wäre schlechter Stil. Halten Sie sich von Tratsch und Klatsch fern. Schüren Sie nicht die Gerüchteküche.
- **Rituale im Alltag:** Denken Sie an Geburtstage, Dienstjubiläen, Genesungswünsche für länger erkrankte Lehrerinnen und Lehrer sowie Schülerinnen und Schüler.

Machen Sie sich immer wieder bewusst: Die vielen kleinen Worte, Gesten, Rituale und Signale, die den Alltag prägen, und die selteneren großen Worte, Gesten und Aktivitäten (z. B. das Loben in einer Konferenz, die Gestaltung des Mitarbeitergesprächs usw.) ergeben zusammen eine Atmosphäre der *Wertschätzung*. Ohne Wertschätzung kann kein Mensch leben, kein Erwachsener und erst recht kein Heranwachsender. Jeder Mensch ist auf *Respekt* und *Anerkennung* angewiesen – Sie und wir alle.

Zuversicht versprühen

Der beste Türöffner in die Zukunft hinein ist eine optimistische Grundhaltung. Vertrauen in die eigene Führungskraft, Entschlossenheit dann, wenn die Zeit zum Handeln reif ist, Zielstrebigkeit, Beharrlichkeit im positiven Denken und eigene Gesundheit sind Garanten für eine optimistische Führungshaltung. Das Schulschiff segelt hart an jener schmalen Horizontlinie entlang, wo

Gegenwart in Zukunft übergeht. Hoffnung, Zuversicht und Vertrauen sind die Voraussetzungen für diese Fahrt in die Zukunft. Erziehung heißt: Wege und Türen in die Zukunft öffnen. Wer im Erziehungsgeschäft tätig ist, der muss sich immer bewusst sein, dass er mit all seinem Tun, seiner Haltung, seinen Äußerungen den Heranwachsenden deutlich zu erkennen geben muss, dass er – trotz eigener Sorgen, Nöte und Ängste – an die Zukunft der ihm Anvertrauten glaubt. Eigener Pessimismus schlägt nämlich die Türen in die Zukunft zu, sich selbst und anderen. Kein Pädagoge hat auf längere Sicht in seinem Beruf Erfolg, der nicht an die Zukunft der ihm anvertrauten Schüler glaubt. Das erfordert, dass man die eigenen Zukunftsängste im Zaum hält.

Glaubwürdig sein

Als Führungspersönlichkeit müssen Sie authentisch sein. Dazu gehört in erster Linie, dass Sie über sich selbst im Bilde sind. Sind Sie sich Ihrer Stärken bewusst? Kennen Sie Ihre Entwicklungsfelder? Stehen Sie zu Ihren Schwächen? Ein authentischer Mensch, der seine Stärken und Schwächen kennt, dazu steht und daran arbeitet, wirkt stimmig, aufrichtig, geradlinig, berechenbar, offen und glaubwürdig. Er ruht in sich, ist mit sich im Reinen und lebt nach seinen Wertmaßstäben. Das nehmen die Mitmenschen wahr und überzeugt sie.

Deshalb unser Rat: Kümmern Sie sich nicht nur um Ihr Führungsgeschäft, sondern setzen Sie sich auch selbstkritisch mit sich selbst auseinander. Bringen Sie Ihre eigene Persönlichkeit zur Geltung. Und denken Sie daran: Ihr Leben hat auch ohne Führungsamt einen Sinn. Wie Sie sich selbst sehen und wie Sie Ihre Persönlichkeit entfalten, wissen wir natürlich nicht. Aber Sie müssen über sich selbst im Bilde sein.

Der Komiker und Philosoph Karl Valentin hat seine Bühnenauftritte oft mit dem Satz beendet: „Gehen Sie jetzt nach Hause und besuchen Sie sich selbst. Schauen Sie nach, ob Sie zu Hause sind."

Wertschätzung entgegenbringen

Wenn Ihre Mitarbeiterinnen und Mitarbeiter all das erkannt haben, dann haben Sie den Boden bereitet für Wertschätzung und Vertrauen. Die Psychologie des Führens beruht einerseits auf der Wertschätzung, die Sie den mit Ihnen zusammenlebenden und -arbeitenden Menschen entgegenbringen, und andererseits auf der Wertschätzung Ihnen gegenüber. Auf die Schule

übertragen heißt das: Ohne Wertschätzung der Schüler, der Eltern und aller in und für die Schule Arbeitenden für Ihre Person sind Sie nicht in die für Sie entscheidende Gemeinschaft integriert. Ohne Wertschätzung Ihrerseits für die Menschen an Ihrem Arbeitsplatz haben Sie keinerlei Einwirkungsmöglichkeit – außer mit Macht und Gewalt.
Beide Seiten der Wertschätzung, der Respekt anderer für Sie und Ihr Respekt für andere, sind untrennbar miteinander verbunden. Wenn Sie andere Menschen nicht anerkennen, dann werden auch Sie niemals anerkannt werden.

> **Zusammenfassung**
> *Führungspersönlichkeiten wirken durch ihr Tun. Sie bringen ihre eigene Persönlichkeit zur Geltung. Ihre optimistische Grundeinstellung verleiht allen Vorhaben Flügel. Ihre Authentizität strahlt auf die ganze Schule aus. Sie erwirken Respekt, Anerkennung und gegenseitige Wertschätzung.*

8.2 Vertrauen aufbauen

Denkanstoß: Ein Verhältnis ohne Vertrauen ist wie ein Vogel ohne Flügel.

Vertrauen beflügelt

Vertrauen bildet eine stabile, belastbare Bindung zwischen Menschen. Ohne Vertrauen geht gar nichts. Darum müssen Sie ein Vertrauensverhältnis zwischen Schulleitung und Lehrerkollegium, Schulleitung und Schülerschaft, Lehrerkollegium und Schülerschaft, Schule und Elternhaus, Schule und allen schulischen Kooperationspartnern aufbauen, sobald Sie das Schulleitungsamt übernommen haben. Ihr Führungserfolg hängt vor allem davon ab, wie vertrauensvoll Sie Ihren Mitarbeiterinnen und Mitarbeitern begegnen. Ohne Vertrauen können Sie die Menschen in ihrer Umgebung nicht für neue Ziele begeistern. Eine vertrauensvolle Atmosphäre ist zugleich immer auch eine stilvolle Atmosphäre. Die Ästhetik des Raumes, in dem die Begegnungen stattfinden, und die Aufmerksamkeit des Gastgebers (Tee oder Kaffee oder ein kaltes nichtalkoholisches Getränk) sind dabei mitentscheidend für das Gesprächsklima. Und noch ein wichtiger Handlungsgrundsatz, der das Miteinander entscheidend prägt: Immer dann, wenn ein Mitarbeiter, eine Mitarbeiterin oder eine Schülerin, ein Schüler in großer Not ist oder Sorgen hat, die zu Boden drücken, muss diesem Menschen die Solidargemeinschaft zu Hilfe kommen. Das kann gemeinsam geschehen, aber auch ganz ohne Wissen Dritter, in vertraulichen Einzelbegegnungen in der Schule oder auch mal an neutralem Ort. Die Menschen in Ihrem Umfeld nehmen ganz genau wahr, ob und wie Sie auf Hilferufe reagieren. Vertrauensvolles Miteinander erfordert deshalb vor allem Zeit, um Beziehungen zu pflegen.

Führungskräfte zögern zuweilen, ihre Mitarbeiterinnen und Mitarbeiter eigenverantwortlich arbeiten zu lassen. Es ist immer wieder erstaunlich, wie schnell und gut ein motivierter Mensch arbeiten kann, wenn man ihn nur selbstständig arbeiten lässt. Vertrauen auch Sie darauf, dass die Ihnen anvertrauten Menschen ihre Fähigkeiten und Möglichkeiten erweitern und sich selbst entwickeln wollen. Gute Mitarbeiter wollen sich an neuen Aufgaben versuchen und Probleme selbst lösen. Ohne Freiräume und ohne Vertrauen darauf, diese Freiräume eigenverantwortlich nutzen zu dürfen, kann sich an der Schule keine Kreativität entfalten.
Wenn Mitarbeiter ihren eigenen Erwartungen und Zielen nicht entsprechen, so braucht die Schulleitung im Regelfall nichts zu sagen. Denn den Betreffenden dämmert es bald, dass nicht der Chef, die Chefin Schuld an der Misere trägt, sondern sie selbst. Also werden sie entweder versuchen, den Fehler wieder auszubügeln. Oder sie werden von sich aus bei nächster Gelegenheit darauf zu sprechen kommen, weil ihnen der Misserfolg peinlich ist. Gewöhnen Sie sich folglich an, Ihren Mitarbeiterinnen und Mitarbeitern, denen Sie Aufgaben übertragen haben, nicht zu früh dazwischen zu funken.
Unterschätzen Sie nicht die Wirkung, die das Vertrauen auf Engagement und Kompetenz der Mitarbeiterinnen und Mitarbeiter hat. Wenn Kollegen das Gefühl haben, eigene Entscheidungen könnten jederzeit von der Schulleitung über den Haufen geworfen werden, dann arbeiten sie mit angezogener Handbremse. Wenn sie argwöhnen, es komme nicht auf ihren letzten Einsatz an, weil ihre Arbeit jederzeit einem anderen übertragen oder von der Schulleitung selbst übernommen werden könnte, dann stellen sich Motivationsprobleme ein: Warum, so denkt sich der eine oder die andere, soll ich mit meiner Erkältung in die Schule gehen und unterrichten? Es gibt doch genug Kollegen, die mich vertreten können. Also bleibe ich zu Hause.
Wenn es Ihnen nicht gelingt, die Gestaltung Ihrer Schule als gemeinsamen Auftrag an das ganze Kollegium begreiflich zu machen, wenn Sie das Lernen

und Erziehen der Schülerinnen und Schüler nicht als gemeinsame Aufgabe des ganzen Kollegiums verständlich machen können, dann gibt es für Ihre Lehrkräfte keinen Grund, sich für eine wirkungsvolle Zusammenarbeit einzusetzen.

Aufgaben delegieren

Sie sollten also Ihren Kolleginnen und Kollegen Vertrauen schenken und ihnen Zuständigkeiten und Verantwortung übertragen. Jede Lehrkraft braucht ihren eigenen Verantwortungsbereich, den ihr niemand streitig macht – auch Sie nicht.

Unsere Sprache hält viele Einsichten bereit, die erst in Redewendungen und Fachbegriffen wieder aufleben. Beispielhaft zeigt sich das am Wort *trauen, vertrauen.*

Das Verb *trauen* meint: *keine Vorbehalte haben, kein Misstrauen hegen, jemandem Glauben schenken, sich mit ihm verbinden*. Reflexiv bedeutet es: *wagen, etwas zu tun; den Mut zu etwas haben*. Die Vorsilbe *ver-* bedeutet erstens eine Steigerung: *vertrauen* im Sinne von *sich worauf verlassen können, fest an eine Sache oder an jemanden glauben*. Sie ist zweitens eine Kurzform für *vor* oder *für* und kennzeichnet ein Vorangehen: *Ich hege kein Misstrauen gegen dich; ich gehe mit meinem Glauben an dich voran und hoffe, du folgst mir mit deiner Hoffnung nach*.

Bleibt die Frage, wer mit Vertrauensvorschuss vorangehen sollte. Erwarten Sie im Ernst, dass Ihre Mitarbeiterinnen und Mitarbeiter zu Ihnen kommen und Sie darum bitten, ihnen zu vertrauen und ihnen eine bestimmte Aufgabe zu übertragen? Das ist Ihre Aufgabe! Damit meinen wir nicht blindes Vertrauen in andere, sondern begründetes Vertrauen aufgrund exakter Beobachtungen. Natürlich müssen Sie Ihre Mitarbeiterinnen und Mitarbeiter erst kennenlernen, Arbeitsproben bewerten, Stärken und Schwächen analysieren, Gespräche führen, in Mitarbeitergesprächen Zielvereinbarungen schließen. Aber am Ende müssen Sie – und nicht Ihre Mitarbeiterinnen und Mitarbeiter – Aufgaben delegieren und Geschäftsbereiche übertragen.
Wenn Sie Aufgaben delegieren, sollten Sie Folgendes beachten:

- Unter Ihrer Leitung werden die anstehenden Veränderungen an der Schule gemeinsam geklärt.
- Sie übertragen bestimmte Aufgaben (im Mitarbeitergespräch) auf einzelne Mitarbeiter und treffen mit ihnen Zielvereinbarungen.
- Jeder Mitarbeiter analysiert selbstständig den Sachstand im übertragenen Aufgabengebiet (ggf. mit einem Tandempartner oder im Team; Tandempartner und Team können selbst gewählt werden).
- Jeder Mitarbeiter sucht Lösungsansätze und entscheidet sich für bestimmte Lösungsstrategien.
- Der Mitarbeiter trägt seine Überlegungen selbst in den schulischen Gremien vor.
- Der Mitarbeiter wird mit der Lösung der Aufgabe beauftragt.
- Er ist auch für die Evaluation der Ergebnisse verantwortlich.

Aus diesem Ablauf ersehen Sie, dass das Vertrauen in einen Mitarbeiter immer an seine Berichtspflicht (am besten vor den schulischen Gremien) und an seine Verantwortung für die Arbeitsergebnisse gebunden ist. Vertrauen gegen Vertrauen, heißt es im Alltag. Sie vertrauen auf die Fähigkeiten Ihrer Mitarbeiterinnen und Mitarbeiter, und diese vertrauen darauf, dass Sie deren Handlungs- und Entscheidungsspielräume nicht einengen und in gewissem Rahmen auch Fehler dulden.
Weil in der Schule prinzipiell gleich qualifizierte Mitarbeiterinnen und Mitarbeiter arbeiten, ist das Vertrauen in das Können des Einzelnen die einzig tragfähige Brücke zur Zusammenarbeit. Berechenbarkeit, Zuverlässigkeit und Geradlinigkeit sind – sowohl beim Führenden als auch bei den Geführten – wichtige Voraussetzungen für ein vertrauensvolles Miteinander. Zum Vertrauen im Rahmen der Delegation gehört insbesondere auch, dass Sie Ergebnisse akzeptieren, die Ihrer eigenen Auffassung widersprechen.
Übrigens sollten Sie auch auf Eltern und vor allem auch auf Schüler Aufgaben übertragen und delegieren. Gerade schwierige Schüler kann man mit Vertrauen, Aufgabenübertragung und Zuständigkeiten zum selbstständigen Arbeiten hinführen.

Zusammenfassung

Vertrauen braucht Verlässlichkeit und Stetigkeit, Zuversicht, breite Information und glaubwürdige Kommunikation, Anerkennung und Lob. Vertrauen meidet Misstrauen, Finten und Verdächtigungen. Vertrauen braucht vertrauensvolle Gespräche. Sie zeichnen sich durch Verzicht auf Taktik und Offenheit für die Sache aus. Nichts motiviert so, verpflichtet so, schweißt so zusammen wie Vertrauen. Vertrauen ist die Grundlage einer erfolgreichen Zusammenarbeit.

8.3 Gerechtigkeit und Güte ausüben

Denkanstoß: Auf drei Dingen beruht die Welt. Auf Wahrheit, Gerechtigkeit und Liebe. (Rabban Schimon ben Gamliel)

Gerechtigkeit hat immer zwei Seiten

Für Sie und für alle Zuständigen an Ihrer Schule sind Gerechtigkeit und Güte die beiden unverzichtbaren Wertmaßstäbe des Handelns. Vielleicht werden Sie einwenden, die Handlungen müssten auch sachangemessen sein. Das bezweifeln wir nicht. Aber letztlich sind Menschen ungleich wichtiger als Sachen und Vorschriften. So sollte es überall in der Gesellschaft sein. So muss es in der Schule sein, in der wir Erwachsenen uns um Heranwachsende kümmern, die ihren Platz in der Gesellschaft noch suchen.

Weil die Schule auf ethischen Prinzipien gegründet ist und Gerechtigkeit in den Augen der Schülerinnen und Schülern die wichtigste Eigenschaft eines Pädagogen ist, muss es Prinzip der Schule sein, gerechte Entscheidungen zu treffen. Dabei geht es zunächst um *gleichmachende Gerechtigkeit*, die dem Gleichheitsgrundsatz verpflichtet ist. In einem zweiten Schritt ist aber auch die individuelle Situation des Einzelnen zu berücksichtigen, also *unterscheidende Gerechtigkeit* zu bedenken.

Prinzipiell besteht kein Unterschied zwischen der rechtsphilosophischen und der pädagogischen Auffassung über Gerechtigkeit. In beiden Disziplinen wird betont, dass Gerechtigkeit immer zwei Seiten bedenken muss: allen das Gleiche (generalisierende Betrachtung) und jedem das Seine (individualisierende Betrachtung). Für eine demokratisch verfasste Schule ist Gerechtigkeit ein zentrales Bestimmungsmerkmal. Wie ein Richter, der zunächst den Buchstaben des Gesetzes zum Maß für seinen Urteilsspruch nimmt und dann das individuelle Maß an persönlicher Schuld zuwägt, muss auch der Pädagoge sein erzieherisches Handeln immer in diesen beiden Schritten auf generalisierende und individualisierende Gerechtigkeit hin prüfen.

Gerechtigkeit ist ein zentraler Begriff in jeder demokratischen Institution. Denn nichts erzürnt Menschen mehr als Ungerechtigkeit. Vor allem Kinder und Jugendliche sind voller Wut und Enttäuschung, wenn sie sich verletzt, verachtet oder verraten fühlen. Viele Aggressionen und Konflikte in der Schule beginnen nach einem Akt der Willkür. Tief bohrt sich erlittenes Unrecht in die Seele der Schüler. Es wird nicht vergessen. Häufig wird es vergolten. Chancengleichheit reicht in der Schule als Handlungsmaxime nicht aus, weil nicht alle Kinder von Haus aus alles mitbekommen, was sie wirklich brauchen, um wenigstens Chancengerechtigkeit zu erleben. Begabung, Eigentum, Lebenschancen sind bei den Schülern oft ungleich verteilt. Das sorgt für Übelstände in der Schule.

Ein Beispiel: Ein Schüler begeht in einer Klassenarbeit eine Täuschungshandlung. Sie stellen das noch während der Arbeit fest. Wenn Sie nicht darauf reagieren, dann ermuntern Sie andere Schüler, auch zu täuschen. Sie können beim nächsten Täuschungsversuch nicht mehr objektiv reagieren. Die Schüler halten Sie für ungerecht. Warum heute so und letzte Woche anders? Also müssen Sie reagieren. Aber wie? Wir raten Ihnen, im ersten Schritt immer gleich zu verfahren. Zum Beispiel könnten Sie so vorgehen: Bitte Heft abgeben – Strich an der Stelle im Heft, die der ertappte Schüler gerade beschreibt – bis zum Strich fragwürdige Leistung und deshalb andere oder gar keine Bewertung – nach dem Strich normale Bewertung. Sie setzen also zuerst den Schritt der gleichmachenden Gerechtigkeit. Nach der Klassenarbeit befragen Sie den Schüler, warum er getäuscht hat. Jetzt gehen Sie den Schritt der zuteilenden Gerechtigkeit. Je nach Sachlage entscheiden Sie: Wiederholung der Arbeit oder eine Note Abzug oder .... Ein solches Zweischrittverfahren empfinden die Schüler dann als gerecht, wenn sie die „Spielregeln" vorab kennen, also dem Verfahren und Ihnen vertrauen.

Güte im doppelten Sinn

Gerechtigkeit ohne Güte des Herzens ist im Umgang mit Kindern und Heranwachsenden nicht zureichend. Eine nur gerechte Schule, vor allem eine rechtlich durchorganisierte Schule, ist eine kalte Einrichtung und sollte niemals Wirklichkeit werden. Denn die Gerechtigkeit fällt allzu häufig ihre Urteile ohne Ansehen der Person. Kinder brauchen und fordern deshalb mehr als nur Gerechtigkeit. Kinder wollen auch Werte aus der Sozialethik in ihrer Schule verwirklicht sehen. Vor allem fragen sie nach der Güte der Erzieher. Sie beurteilen Lehrer nach der Wärme der menschlichen Beziehung und zuweilen auch nach der Parteinahme für einen vom Schicksal gebeutelten Mitschüler. Schüler fragen aber auch nach einer anderen Form von Güte: nach der Güte des schulischen Angebots, nach der Qualität und Professionalität der Schularbeit, die mangelnde Begabung ausgleicht und hohe Begabung fördert. Sie wollen und schätzen eine Schularbeit mit Gütesiegel.

Ein Beispiel: Die Schule ist für die Schüler da. Darüber herrscht weltweit Einigkeit. Uneinigkeit besteht von Schulart zu Schulart und von Land zu Land darüber, ob die Schule auch für Problemschüler da ist und wie weit die Fürsorge der Schule für solche Schüler gehen soll. Liebenswürdige, erfolgreiche oder zumindest lernwillige Schülerinnen und Schüler sind in jeder Schule willkommen. Wenn aber ein Schüler zum Sorgenkind wird, wie soll man sich dann als Führungskraft verhalten?

Schauen wir einmal über den Zaun unseres Berufsfeldes: Wenn in einer Firma die Produktion brummt und der Absatz boomt, dann ist es eine Freude, im Chefsessel zu sitzen. Dann wird man von allen Seiten hofiert und bewundert. Großzügig verteilt die Firmenleitung Lob und Geschenke, sponsert da eine Behinderteneinrichtung und eröffnet dort eine Kunstausstellung. Schulterklopfen und Anerkennung von allen Seiten. Und allmorgendlich nickt sich der Chef aufmunternd im Spiegel zu: Ich bin der Größte. – Ist er das wirklich? Ist das wirklich sein Verdienst? Oder füllt der Wirtschaftsaufschwung sozusagen von allein die Auftragsbücher, dass es eigentlich der Führungsetage gar nicht bedarf? Nun, ganz von allein läuft auch im Wirtschaftsboom eine Firma nicht. Aber die eigentliche Bewährungsprobe für den Chef kommt doch erst dann, wenn sich die Kunden nicht mehr um die Produkte reißen. Dann beobachtet jeder das Verhalten des Chefs: Wie stellt er alle Kunden zufrieden, auch diejenigen, die besondere Wünsche haben, die Produktpalette und Kundenservice kritisch beleuchten. Wenn die Produkte verschiedener Firmen gleich oder doch sehr ähnlich sind, dann entscheiden sich die Kunden letztlich für

die Firma, die das bessere Preisangebot und vor allem den besseren Kundenservice bietet.
Zurück zur Schule: Liebenswürdige und lernwillige Schüler sind ein Glücksfall für Ihre Schule. Hegen und pflegen Sie sie. Aber große Probleme für Ihre Führungskunst bereiten sie nicht. Die eigentliche Herausforderung sind Schülerinnen und Schüler, die Sorgen bereiten. Dreierlei Sorgenkinder gibt es in jeder Schule:

- gesundheitlich beeinträchtigte Schülerinnen und Schüler,
- erziehungsschwierige Schülerinnen und Schüler,
- lernauffällige Schülerinnen und Schüler.

Hoffentlich sind wir uns darüber einig, dass alle drei Gruppen gerade in einer Institution, die unbestritten auch eine Erziehungsaufgabe hat, auf Verständnis und Fürsorge rechnen dürfen. Also dürfen auch diese Kinder Gerechtigkeit und Güte von Ihnen erwarten. Denn die Schule darf nicht nur gleichmachende Gerechtigkeit („alle das Gleiche") üben. Sie muss auch jedem Kind nach Möglichkeit einen individuellen Weg aufzeigen und sich um Chancengerechtigkeit bemühen. Selbst dort, wo ein Kind keinen Anspruch auf Gerechtigkeit mehr hat, muss ein Pädagoge bedenken, dass eine nur nach Recht und Gerechtigkeit gestaltete Welt für ein Kind auch eine kalte Welt sein kann. Deshalb muss ein Pädagoge immer wieder prüfen, ob er nicht gütig sein kann, in diesem oder jenem Fall vielleicht sogar sein muss.

Zusammenfassung

Vertrauen, Gerechtigkeit und Güte verdichten sich zur Wertschätzung. Kein Mensch, erst recht kein Kind und kein Jugendlicher, kann ohne Wertschätzung leben. Wertschätzung ist der Respekt vor anderen und zugleich das teilhabende Interesse an anderen. Wertschätzung erwächst aus der Anerkennung der Arbeits- und Lebensleistung des anderen Menschen.

8.4 Im Gespräch bleiben – Gesprächskultur entwickeln

Denkanstoß: Was macht erfolgreiche Kommunikation aus?

Breit informieren

Aus der Schulpflicht, die Kindern und Eltern auferlegt ist, erwachsen auch für die Schule Pflichten. Eine ist die Informationspflicht, eine Bringschuld der Schule. Die Eltern haben ein Anrecht darauf zu wissen, was die Schule ihren Kindern abverlangt und wie sie den Erziehungs- und Bildungsauftrag zu erfüllen gedenkt. Nach unserer Erfahrung gehen die meisten Irritationen und Konflikte auf mangelnde oder fehlerhafte Informationen zurück. Deshalb ist breite und rechtzeitige Information von größter Bedeutung. Darum empfehlen wir Ihnen, Lehrerkollegium, Schülerschaft und Eltern regelmäßig über Entscheidungen der Schulleitung und über angedachte Entwicklungen in den Arbeitsgruppen und Gremien zu informieren.

Ein paar Beispiele:

- Infotafeln, Bildschirme, Monitore im Lehrerzimmer und im Schuleingangsbereich auf dem aktuellen Stand halten.
- Rundmails an Lehrkräfte und Elternvertreter unter Beachtung und Wahrung der Privatsphäre versenden.
- Regelmäßige Informationsweitergabe über aktuelle Entwicklungen in allen schulischen Gremien sicherstellen (feste Tagesordnungspunkte in der Geschäftsordnung festschreiben).
- Kurze Ergebnisprotokolle von allen Gremien und Arbeitsgruppen einfordern, die sowohl der Schulleitung als auch den anderen Gremien zugehen.
- Kurzprotokoll zu jedem Elternabend erstellen, das allen Eltern und Lehrkräften der Klasse und der Schulleitung zugeht.
- Regelmäßige Elternbriefe über wichtige Erziehungsthemen (Schulfähigkeit von Erstklässlern, Hausaufgaben, Vokabellernen, Taschengeld usw.) ausgeben.
- Regelmäßige (halb-, vierteljährliche) Infobriefe oder Infobroschüren der Schule versenden.
- Jährlichen Terminplan zum Schuljahresbeginn erstellen und bekanntgeben, der alle wichtigen Termine des Schuljahres enthält, einschließlich aller Sitzungstermine der Gremien.
- Wichtige Informationen auf die Schulhomepage stellen.

Wertschätzend kommunizieren und handeln

Über die Informations- und Kontaktpflegegespräche hinaus sollten Sie längstens alle zwei Jahre **Mitarbeitergespräche** mit Lehrkräften, der Schulsekretärin und dem Hausmeister führen. Denn Sie müssen beispielsweise wissen, wem Sie eine Klasse bzw. einen unterrichtlichen Fachauftrag anvertrauen können. Deshalb sind sowohl Unterrichtshospitationen als auch Mitarbeitergespräche zwingend nötig.

Normalerweise besteht das Mitarbeitergespräch aus drei Elementen:

- Beratung,
- Zielvereinbarung und
- Förderung.

In der Beratung geht es um die Arbeitszufriedenheit, die Zusammenarbeit im Kollegium, Arbeitserfolge und -misserfolge und insbesondere um persönliche Interessen und Fähigkeiten sowie fachliche Neigungen von Mitarbeiterinnen und Mitarbeitern.
Im Mittelpunkt der Zielvereinbarung steht die Aufforderung zur eigenständigen und eigenverantwortlichen Gestaltung des Arbeitsauftrags und die Rückmeldung über Verbesserungen am Arbeitsplatz. Kernstück der Zielvereinbarung ist die Einigung über anzustrebende Arbeitsziele und die Übertragung eines eigenen Zuständigkeitsbereichs. Aus der realistischen Einschätzung der Kompetenzen werden gemeinsam individuelle Förderprogramme entwickelt: Anregungen zum Selbstlernen, zu Schulungen und Fortbildungen und insbesondere zur Übernahme neuer Zuständigkeiten.

In jedem Herbst sollten Sie die gewählten Elternvertreter zu einem Meinungsaustausch in Ihr Rektorat einladen. Noch vor Weihnachten sollten Sie die neu gewählten Schülersprecher zu sich bitten, um Wünsche und Anregungen der Schülerschaft entgegenzunehmen. Gerade dann, wenn man ein Amt neu übernommen hat, möchte man wissen, welche Aufgaben mit dem neuen Amt verbunden sind. Oftmals haben sich Eltern- und Schülervertreter ins Amt wählen lassen, weil sie bestimmte Ideen verwirklichen wollen. Bieten Sie ihnen die Möglichkeit, Fragen zu stellen und Ideen vorzutragen.

Zusammenfassung
Alle am Schulleben Beteiligten haben ein Anrecht auf breite, rechtzeitige Information und wertschätzende Kommunikation. Sie richtig zu fördern heißt, sie zu fordern.

8.5 Das Miteinander fördern

Denkanstoß: Zusammenkommen ist ein Anfang, zusammenbleiben ist ein Fortschritt und zusammenarbeiten ist Erfolg. (Henry Ford)

Festtage – Fasttage

Feste und Feiern sind nicht nur Tage voller zusätzlicher Arbeiten und Sorgen, sondern vor allem Gestaltungsaufgaben für die ganze Schule. Sie stärken die Schulgemeinschaft. Sie sollten als Projekte angelegt werden: Vorbereitung, Durchführung und Nachbereitung sind Sache der Schüler, Lehrer und Eltern. Deshalb sollten Sie Feste nicht feiern, wie sie fallen, sondern sich auf wenige Höhepunkte im Jahr konzentrieren. Seien Sie wählerisch und anspruchsvoll. Ein Fest muss fröhlich, bunt und ausgelassen sein, eine Feier eher ritualisiert und getragen. Wenn schon ein Fest oder eine Feier, dann nur mit Qualitätsanspruch. Drängen Sie darauf, dass dazu Grundsätzliches im Schulprogramm festgeschrieben ist. Dabei gilt: Weniger ist mehr. Denn die Schule muss sich auf die Kernaufgabe konzentrieren, auf das Lernen, Leisten, Lehren.

Ohne Fast(en)tage gibt es keine Festtage. Wenn sich bei den Schülerinnen und Schülern der Gedanke einnistet, jeder Tag habe umtriebig zu sein, dann müssen Sie von Jahr zu Jahr immer aufwendigere Aktionen starten, weil die kleineren nicht mehr wahrgenommen werden. So wie die Schülerinnen und Schüler lernen sollen, fröhliche Feste und getragene Feiern zu gestalten, so sollen sie auch lernen, Fastentage einzuhalten, in denen keine Aktionen stattfinden und das Lernen im Mittelpunkt steht. Lernen ist anstrengend und macht nicht immer Spaß. Vor allem das müssen Ihre Schülerinnen und Schüler an Ihrer Schule lernen. Wenn Sie eine Rede halten oder ein Grußwort sprechen, dann vergessen Sie bitte nicht, Ihrem Kollegium, Ihren Elternvertretern, Ihren Schülersprechern für die geleistete Arbeit zu danken. Vergessen Sie Dank und Lob auch an den Tagen nicht, an denen Sie etwas zu kritisieren haben. Vergessen Sie die besinnlichen Tage im Jahr nicht: Geburtstage, Gedenktage, Weihnachten, bestimmte Todestage. Vor Weihnachten sollten Sie an die ehemaligen Kolleginnen und Kollegen ebenso denken wie an Ihre Elternvertreter und vor allem an die Langzeitkranken, seien es Schüler, Lehrer oder Eltern. Weihnachtsgrüße in die eigene Schulgemeinde hinein sind

wichtiger als alle Weihnachts- und Neujahrsgrüße an Vorgesetzte, Lokalgrößen und sonstige Berühmtheiten, denn die erhalten viel Post und lesen Ihre Grüße allenfalls oberflächlich.
Über die Bedeutung von Festen und Feiern für die Erziehung im Allgemeinen und die Ausgestaltung des Schuljahres im Besonderen gibt es genügend Spezialliteratur. Hier nur eine kleine Empfehlung: Übertragen Sie die Verantwortung dafür einer Dreiergruppe, der eine Lehrkraft, ein Elternvertreter und ein Schüler angehören.

Teamgeist fördern

Ein bunter Strauß teamfördernder Maßnahmen wird in der Fachliteratur diskutiert. Für Sie als Chef bzw. Chefin ist wichtig, dass Sie jeden Mitarbeiter und jeder Mitarbeiterin mit einer wichtigen Aufgabe betrauen. Gönnen Sie dann den Zuständigen den Auftritt vor dem Kollegium, vor den schulischen Gremien und vor dem ganzen Schulpublikum bei Festen und Feiern.

Hier ein paar bewährte Maßnahmen, die den Teamgeist fördern:

- Unterstützersysteme für Schülerinnen und Schüler: Wir haben die Erfahrung gemacht, dass Menschen nichts so sehr zusammenbringt wie gemeinsames Tun und gemeinsames Streiten für ein Ziel. Das gilt für Erwachsene und für Kinder und Jugendliche in gleichem Maße. Deshalb raten wir Ihnen, ein abgestuftes Unterstützungssystem für schwierige Schülerinnen und Schüler und für Kinder in Not aufzubauen. Eine solche Aufgabe fördert in der Schülerschaft das Zusammengehörigkeitsgefühl und bei den Erwachsenen die Verantwortung für die Schule als Ganzes. Zum Beispiel könnte sich das Unterstützungssystem mit diesen Aufgaben befassen:
  Helfersystem: Ältere Schüler helfen jüngeren bei den Hausaufgaben oder in Freiarbeitsstunden bzw. beim selbstständigen Lernen ohne Lehrkraft.
  Schüler unterrichten Schüler: Jeweils zwei Schüler bereiten einen Teil einer Schulstunde, in Ausnahmefällen sogar die ganze Schulstunde vor und unterrichten ihre Mitschüler, ggf. unter Mithilfe ihres Lehrers.
  Schülermentoren: Für bestimmte Aufgaben übernehmen ausgewählte Schüler Verantwortung, wie etwa für Verkehrsregelungen (Schülerlotsen), für Schulkunstausstellungen, für Bewegungsspiele in der großen Pause usw.
  Patenschaften: Bewohner der Schulgemeinde, insbesondere ältere Mitbürger, übernehmen für bestimmte Schülerinnen und Schüler eine Patenschaft,

führen regelmäßig Gespräche, laden ein, helfen beim Lernen, vermitteln bei Streitigkeiten usw.

Kummerkasten: Schülerinnen und Schüler können anonym oder mit Namensnennung Probleme aufzeigen und um Rat oder Hilfe bitten. Helfer, Mentoren oder Paten können sich ebenso wie die Vertrauenslehrer der angezeigten Sachverhalte annehmen.

Hilfsdienst für längerfristig Erkrankte: Helfer, Mentoren oder Paten können sich ebenso wie beauftragte Lehrkräfte um die Kranken kümmern.

- Lehrer-Schüler-Eltern-Sport: An vielen Schulen sind die nachmittäglichen oder abendlichen Sportaktivitäten mit dem anschließenden zwanglosen Zusammensitzen entscheidende Machtzentren einer Schule. Daraus ist oft so etwas Ähnliches wie ein „Küchenkabinett" entstanden, das alle entscheidenden Aktivitäten an der Schule in lockerer Atmosphäre berät. Unser Rat: Nehmen Sie an diesen Veranstaltungen teil. Wenn es solche Freizeitrunden an Ihrer Schule nicht gibt, dann sollten Sie prüfen, ob Sie genügend Interessenten finden, die an Sporttreffs teilnehmen möchten.
- Kreative Tage – Tage der Muße: Nicht nur in den Betrieben, auch in den Schulen werden die Arbeitsbedingungen immer härter. Deshalb besteht die Gefahr, dass der Alltag die Lehrerinnen und Lehrer auffrisst und Optimismus und Tatkraft in der Schule erlahmen. Der Kreativität auf die Sprünge helfen, aber auch die inspirierende und beflügelnde Kraft der Kunst und der Muße ausnützen, das leisten kreative Phasen, die hin und wieder dem Personal Zeit und Gelegenheit zum Verschnaufen und Verweilen einräumen. Wie wäre es, wenn Sie sich mit Ihrem Kollegium ab und zu mit Ton und Spachtel, Farben und Leinwand, Kochtopf und Rührlöffel, Wanderschuhen und Wanderstock oder allerlei Werkzeug treffen und künstlerischen und kreativen Fantasien Ausdruck verleihen würden? Sie werden sehen, dass ihre Mitarbeiterinnen und Mitarbeiter die künstlerische Freiheit und die Zeit zur Muße sichtlich genießen, auch wenn es ein harter Weg ist, bis etwas ins Werk gesetzt ist. Jedenfalls werden Ihre Mitstreiter aus solchen Tagen wieder Mut für den Arbeitsalltag schöpfen.

Zusammenfassung

Die Pflege der Gemeinsamkeit ist gerade im pädagogischen Bereich, wo verschiedene Erzieherpersönlichkeiten auf dasselbe Kind einwirken, von außerordentlicher Bedeutung. Begegnungen, die gegenseitiges Verständnis anbahnen, müssen in vertrauensbildender Atmosphäre stattfinden. Vertrauensvolles Miteinander heißt aber auch, Individualinteressen immer wieder den Interessen der Gemeinschaft nachzuordnen. Gemeinsam Feiern ist für das Miteinander wichtig, wenn die Feiern nicht zu häufig und damit nicht zu belastend sind. Gemeinsames Tun schweißt zusammen.

8.6 Zusammenarbeit vertiefen

Denkanstoß: Warum setzt man plötzlich verstärkt auf Teamarbeit in der Schulfamilie?

Schülergremien ernst nehmen

Weil die Schule eine Veranstaltung für junge Leute ist, bedeutet die Teilhabe der Schülerinnen und Schüler an der Gestaltung ihrer Schule sehr viel. Darum kommt den Schülerämtern strategische Bedeutung zu.

Die häufig sinnentleerten Klassensprecherwahlen müssen Sie genau betrachten. Wird allen Schülerinnen und Schülern verdeutlicht, was eine Wahl bedeutet? Wie gewählt wird? Welche Kriterien für eine demokratische Wahl erfüllt sein müssen? Welche Bedeutung das Amt des Klassensprechers bzw. der Klassensprecherin hat? Wenn diese Wahlen in allen Klassen zeitlich parallel verlaufen, dann lohnt es sich, in der ganzen Schule Wahlveranstaltungen und Wahlwerbung zu organisieren. Das Schülerparlament und die Schülermitverantwortung haben in der Schule ihre eigenen Rechte.

Lassen Sie die Klassensprecher und die SMV-Verantwortlichen schulen im sicheren Auftreten, im freien Sprechen, im Einhalten der Gesprächsregeln und beim Moderieren bei Konflikten. Nur so eröffnen die Schülerämter handlungsorientierte und interessante Lernfelder. Gewähren Sie deshalb Ihren Schülersprechern auch Freistellungen zum Besuch von Fortbildungstagungen. In diesen auswärtigen Tagen lernen Sie bestimmt so viel wie an der eigenen Schule.

Sie sollten der Schülervertretung auch das Recht einräumen, Ausschüsse zu bilden. Besonders wichtig sind der Disziplinarausschuss, der die Schulleitung bei schwerwiegenden Verstößen gegen die Schulordnung berät, und die Streitschlichter, die sich um Konfliktlösungen bemühen. Sorgen Sie dafür, dass immer genügend Nachwuchs für beide Ausschüsse geschult und förmlich bestellt wird.
Fordern Sie Ihre Schülervertretung auf, ein Jahresprogramm vor Schuljahresbeginn zu erarbeiten und zu veröffentlichen. Wirken Sie darauf hin, dass das im Schulprogramm festgeschrieben wird. Denn wenn die zum Schuljahresbeginn neu gewählte Schülervertretung für das Programm des laufenden Schuljahres zuständig wäre, dann gäbe es im ersten Schulhalbjahr gar kein Programm und eine zu große Programmdichte im zweiten. Auch könnte das gerade gewählte Schülergremium überfordert sein, ein solches Programm gleich zu Anfang der Legislaturperiode erarbeiten zu müssen. Auch lernen die Schülervertreter dadurch, die Arbeit ihrer Amtsvorgänger zu respektieren.

Konferenzordnungen durchsetzen

Sie sollten baldmöglichst prüfen, ob Ihre schulischen Gremien Konferenzordnungen haben. Beobachten Sie, ob an Ihrer Schule ausufernde oder thematisch immer wiederkehrende Diskussionen ohne Beschlussfassung stattfinden. Fordern Sie effektive Konferenzordnungen ein, die festlegen, dass alle Teilnehmer rechtzeitig und umfassend vor Sitzungsbeginn über die Tagesordnung (z. B. durch Aushang im Lehrerzimmer) oder durch frühzeitige Ausgabe von Informationsmaterialien, informiert werden.
Legen Sie in der Konferenzordnung auch fest, wie lange ein Beschluss zu einem bestimmten Thema gelten bzw. wann er automatisch wieder auf die Tagesordnung gesetzt werden soll. Beispielsweise ist in vielen Ländern geregelt, dass eine Vorschrift nach zehn Jahren automatisch verfällt.
Regen Sie an, dass über einen Tagesordnungspunkt spätestens nach einer halben Stunde abgestimmt wird. Geschieht dies nicht, so wird dieser Punkt beendet: „Das war heute die erste Lesung; die zweite und letzte Lesung mit Abstimmung folgt in der nächsten Konferenz. Bilden Sie sich bitte Ihre Meinung bis dahin.“ Der Punkt wird auf die nächste Sitzung vertagt und dort dann spätestens nach einer Viertelstunde definitiv zur Abstimmung gebracht.

Also könnte man in der Konferenzordnung festlegen, dass pädagogische Grundsatzbeschlüsse (z.B. zu Schulausflügen und Wandertagen) fünf Jahre gelten sollen, also nach fünf Jahren entweder verfallen oder neu beschlossen werden müssen. Damit kann man einerseits alljährliche Diskussionen zum selben Thema unterbinden; andererseits sicherstellen, dass die wesentlichen pädagogischen Festlegungen regelmäßig überprüft werden.

Ergebnisprotokolle versenden

Nichts ist ärgerlicher als im Kreis verlaufende Diskussionen und immer wiederkehrendes Infragestellen längst entschiedener Streitpunkte. Sie dürfen es nicht zulassen, dass sich die Kommissionsteilnehmer nach einem vollen Arbeitstag noch stundenlange Debatten anhören müssen, nur weil sich einige Wichtigtuer selbst gerne reden hören. Bedenken Sie: einige im Kollegium gehören mehreren schulischen Gremien an (und haben vielleicht auch noch außerschulische Ehrenämter). Vielleicht warten ja sogar Kinder oder pflegebedürftige Angehörige zu Hause. Achten Sie deshalb auf umfassende Vorinformation der Sitzungsteilnehmer, auf stringente Führung der Sitzungen und auf die Zeitökonomie in allen Sitzungen.

Lassen Sie die Entscheidungen in allen schulischen Gremien in kurzen Ergebnisprotokollen festhalten und geben Sie die Kurzprotokolle allen in der und für die Schule Arbeitenden zur Kenntnis. Auch ist es von Vorteil, alle geltenden Regelungen regelmäßig in einer kurzen Übersicht zusammenzufassen. Sorgen Sie dafür, dass beschlossene Sachverhalte nicht vor Ablauf einer bestimmten Frist wieder auf die Tagesordnung kommen, es sei denn, ein bestimmtes Quorum, das in der Geschäftsordnung festgelegt ist, erzwingt es.

Vorschlag für eine Gesamtlehrerkonferenz-Ordnung (GLK)

1. Alle wichtigen Maßnahmen werden in GLKs beraten und entschieden. Dienstbesprechungen dagegen sind kurz dauernde, auch kurzfristig anberaumte Informationsrunden, die nicht länger als eine Schulstunde dauern dürfen. Führt ein Besprechungspunkt zu einer breiteren Diskussion, so ist dieser Punkt auf die Tagesordnung einer GLK zu verweisen.
2. Zur ersten GLK im Schuljahr legt die Schulleitung einen Zeitplan für das Schuljahr vor, der alle Termine für alle schulischen Gremien sowie für alle schulischen und außerschulischen Aktivitäten im ganzen Schuljahr enthält.

Ohne zwingende Gründe wird der Zeitplan weder abgeändert noch ergänzt. Ein Zeitplan ist eine wichtige Voraussetzung für Planungssicherheit und vertrauensbildende Zusammenarbeit.

3. GLKs brauchen nicht nur eine verlässliche Terminierung über das Schuljahr hinweg, sondern auch einen verlässlichen Zeitrahmen und klare Ablaufstrukturen, z. B.:
   - Keine GLK darf länger als .... dauern.
   - Kurzinformationen, Termine usw. werden schriftlich der GLK übergeben und gelten als abgesprochen; ggf. sind Fragen und Zusatzinformationen dazu zulässig.
   - Tagesordnungspunkte, über die in der jeweiligen Sitzung abgestimmt werden soll, müssen durch Tischvorlage und Aushang vorbereitet sein. Ansonsten gelten Tagesordnungspunkte, die nach 30 Minuten nicht zur Abstimmung gebracht werden können, als nicht abstimmungsreif und werden deshalb auf die nächste GLK (mit Tischvorlage) verwiesen und in der „zweiten Lesung" spätestens nach 15 Minuten durch Abstimmung beendet.
   - Zu jedem Tagesordnungspunkt darf sich jede Lehrerin bzw. jeder Lehrer in der Regel nur einmal zu Wort melden, weil der Sachverhalt durch Tischvorlage und Aushang bekannt ist.
   - Erkennt der GLK-Vorsitzende eine halbe Stunde vor der maximalen Sitzungsdauer, dass die Tagesordnung nicht vollständig innerhalb der gesetzten Frist abgearbeitet werden kann, so gewichtet er die Tagesordnungspunkte nach ihrer schulischen Bedeutung und verweist die nach Fristablauf offenen Punkte auf die nächste GLK.
   - Über jede GLK ist ein Protokoll zu fertigen, das die Tagesordnungspunkte und die Entscheidungen/Abstimmungen mit Kurzbegründung (ohne Nennung von Personen) festhält; Tischvorlagen sind beizufügen.
   - Ein in der GLK beschlossener Sachverhalt kann nur dann wieder auf die Tagesordnung kommen, wenn dies die Schulleitung oder mindestens die Hälfte der GLK- Mitglieder verlangen.
   - Eine beschlossene Sache ist nach 5 Jahren automatisch der GLK wieder vorzulegen. Die GLK verlängert die Gültigkeit des Sachverhalts um weitere 5 Jahre, ändert sie ab oder streicht sie durch Mehrheitsbeschluss.
   - Alle GLK-Beschlüsse werden elektronisch gespeichert und nach 5 Jahren zur Wiedervorlage gebracht. Die gültigen GLK-Beschlüsse stehen allen

zur Schulgemeinde gehörenden Personen zur Einsichtnahme (in elektronischer oder in Papierform) offen.
- Jede GLK endet mit einer Feedbackrunde oder Blitzlichtrunde.

Unstimmigkeiten zwischen Schulgremien schulintern lösen

Zuweilen können sich schulische Gremien nicht in einer Sache verständigen. *Erstes Beispiel:* Die Gesamtlehrerkonferenz ist der Meinung, jede Klasse sollte selbst bestimmen, wohin sie beim Jahresausflug oder bei der Abschlussfahrt fährt. Der Elternbeirat ist strikt gegen eine solche Regelung, weil er zu hohe Kosten und einen Wettlauf der Abschlussklassen um die weiteste Reise befürchtet. Auch die Schulkonferenz wendet sich aufgrund der hartnäckigen Elternvoten gegen den Lehrerbeschluss. *Zweites Beispiel:* Die Schulkonferenz will zulassen, dass jeder Schüler sein elektronisches Unterhaltungsgerät in die Schule mitbringen und unter bestimmten Bedingungen benutzen darf. Die Gesamtlehrerkonferenz stimmt dagegen. In beiden Fällen muss schließlich die Schulaufsicht schlichten.

Aufgrund solcher und ähnlicher Erfahrungen raten wir Ihnen, im Schulprogramm zu verankern, wie Streitfälle schulintern zu lösen sind. Zwei brauchbare Lösungen:
- Viele Schulen haben in ihrem Schulprogramm geregelt, dass die Schulkonferenz einen Einspruch eines anderen schulischen Gremiums mit absoluter Mehrheit zurückweisen und so einen Dissensfall entscheiden kann.
- Andere Schulen sehen in ihrem Schulprogramm einen Vermittlungsausschuss vor (paritätisch besetzt aus Schulkonferenz, Schulleitung, Gesamtlehrerkonferenz, Elternbeirat und ggf. auch Schülerparlament), der den Dissensfall abschließend entscheiden kann.

Zusammenfassung

Zusammenarbeit ist ein unverzichtbarer Bestandteil im Schulalltag. Erfolgreiche Zusammenarbeit braucht Raum, Zeit und vor allem klare Vorgaben. Sie bezieht alle schulischen Ebenen ein: Schülerschaft, Eltern und Lehrkräfte. Zusammenarbeit schafft die Grundlage für mehr Vertrauen, gegenseitige Anerkennung und Wertschätzung. Eine erfolgreiche Zusammenarbeit auf allen Ebenen wirkt sich positiv auf die Gestaltung der Schule als Ganzes aus.

8.7 Beratungssystem aufbauen und Unterstützungssysteme einbinden

Denkanstoß: Wenn Sie einen Apfel haben und ich einen Apfel habe und wir diese Äpfel austauschen, dann haben Sie und ich immer noch nur einen Apfel. Aber wenn Sie eine Idee haben und ich eine Idee habe und wir diese Ideen austauschen, dann wird jeder von uns zwei Ideen haben. (George Bernard Shaw)

Schulinterne Beratungskonzeption aufbauen
Eine Kernaufgabe in der Schule ist die Beratung. Es sind schon vielerlei Berater unterwegs: Beratungs-, Vertrauens-, Verbindungs- und Kooperationslehrer, Schulaufsichtsbeamte, Schulpsychologen, Schulsozialarbeiter, spezielle Fachberater Schul- und Unterrichtsentwicklung, Arbeitsstellen zur Schulberatung, Multiplikatoren, spezielle Eltern- und Familienberater, Einrichtungen der Kinder- und Jugendhilfe, Einrichtungen der Kirchen, der Kommunen und der regionalen Wirtschaft, Netzwerke aller Art u.a. Und dennoch wird in vielen Schulen wegen der Vielzahl an Aufgaben ein Problemfall allzu schnell an eine externe Beratungsstelle abgeschoben.

Wir haben die Erfahrung gemacht, dass es in Deutschland vielerorts nicht zu wenige, sondern eher zu viele Beratungsangebote gibt. Listen Sie einmal auf, welche Einrichtungen in Ihrem Landkreis Beratungen für Kinder und Familien mit Migrationshintergrund anbieten. Fragen Sie gegebenenfalls bei Fachleuten nach. Sie werden feststellen, dass die Kirchen, private Trägerverbände, staatliche Trägereinrichtungen, Polizei, Landkreis und Kommunen Beratung und Unterstützung anbieten. Hilfsangebote mehr als genug – aber leider oft konkurrierend und nur unpersönlich anbietend, selten die Bedürftigen aufsuchend. Deshalb raten wir Ihnen, in Ihrer Schule (wenn sie dazu groß genug ist) einen kleinen Beraterkreis zusammenzustellen. Der Grundsatz sollte lauten: Hilfsbedürftigen Schülern muss – wenn irgend möglich – an der eigenen Schule geholfen werden. Jedem Kind, das Hilfe braucht, wird eine feste Bezugsperson zugeordnet, die den Beratungsbedarf klärt, individuelle Lernstandsdiagnosen veranlasst, Hilfen koordiniert und die Unterstützung und Umsetzung überwacht.
Unser dringender Rat: Nehmen Sie die Beratung als Erziehungs- und Führungsaufgabe wahr. Bauen Sie in Ihrer Schule eine systematische Beratungs-

konzeption auf, denn in den meisten Schulen sind die Beratungsaktivitäten nicht koordiniert und deshalb nicht klar genug als Hilfsangebote erkennbar. Unterstützungssysteme, die von außen kommen, können bereichern. Beauftragen Sie eine Arbeitsgruppe, eine maßgeschneiderte schulspezifische Beratungskonzeption zu erarbeiten, die folgende Grundsätze berücksichtigt:

- Bedürfnisse und Probleme werden nicht geleugnet oder bagatellisiert, sondern rechtzeitig und konsequent angenommen.
- Probleme werden dort gelöst, wo sie entstehen. Bei Bedarf werden innerschulische und außerschulische Beratungs- und Unterstützungssysteme eingebunden.
- Probleme eines Schülers werden nicht auf verschiedene Berater aufgeteilt, sondern für jeden Problemfall wird ein verantwortlicher Berater benannt.

Zusammenfassung
Beratung ist eine Kernaufgabe jeder Schule. Sie erfordert ein hohes Maß an diagnostischem, methodischem und fachlichem Wissen. Eine stimmige, schulspezifische Beratungskonzeption gehört in jedes Schulprogramm.

8.8 Entscheidungen treffen

Denkanstoß: Die kürzesten Wörter, nämlich „ja" und „nein", erfordern das meiste Nachdenken. (Pythagoras)

Lösungsstrategien vorausdenken

Das Wort *Strategie*, aus dem Griechischen übersetzt, bezeichnet die *Feldherrenkunst*, das *kriegsentscheidende Handeln*, im übertragenen Sinn meint es alles, was zur Konflikt- und Problemlösung besonders beiträgt. Im Mannschaftssport werden die entscheidenden Spielzüge auch Standardsituationen genannt und regelmäßig trainiert. Im Fußball zum Beispiel werden bei Eckbällen, Flanken und Freistößen sehr häufig die spielentscheidenden Tore erzielt.
Auf das Spielfeld der Schulleitung übertragen bedeutet das: Sie müssen sich als Chefin bzw. Chef auf Krisen und Konflikte vorbereiten. Beispiele: Ein Schüler droht mit Suizid. Eine Schülerin hat sich wirklich das Leben genommen. Eine Schulklasse gerät bei einem Klassenausflug in Gefahr und braucht

Hilfe. Ein Schüler dreht durch und bedroht Mitschüler und Lehrer. Wie reagieren Sie dann? Wollen Sie Ihre Reaktion in solchen Krisensituationen wirklich dem Zufall überlassen? Halten Sie sich für so stark, dass Ihnen dann, wenn die Krise da ist, das Richtige ohne Vorbereitung einfällt?

Viele größere und kleinere Krisen, wenn auch die meisten weniger spektakulär sind als die zuvor genannten, kommen im Schulalltag häufig vor und fordern Ihre Führungskompetenz heraus. Wenn beispielsweise ein Schüler immer wieder zu spät zum Unterricht kommt, muss im Blick auf sein künftiges Verhalten entschieden werden, wie man in diesem jungen Mann den Respekt vor seinen Mitmenschen wecken und fördern kann. Im Fußballspiel oder beim Orchesterspiel führt das Zuspätkommen automatisch zum Spielausschluss. Lernen in der Gruppe ist auch eine Art von Mannschaftssport. Ständiges Zuspätkommen desselben Schülers kann nicht hingenommen werden, ohne dass das Spiel leidet, die Leistung der Mitspieler gemindert wird und sich letztlich auch der Zuspätkommende selbst aus der Gemeinschaft ausschließt. Also können Sie über das Zuspätkommen von Schülern oder Lehrern, wenn es sich zum regelmäßig wiederholten Fehlverhalten entwickelt hat, nicht hinwegsehen. Konfliktträchtige Situationen können von Schülern, Lehrern, Eltern oder schulfremden Personen verursacht werden. Die adäquate Reaktion ist oftmals entscheidend für Schulklima, Lern- und Arbeitsqualität und vor allem für Ihre Führungsakzeptanz.
Folglich kommt es darauf an, kurz-, mittel- und langfristige Entscheidungen für wiederkehrende Situationen vorweg zu bedenken. Dabei müssen Ihre Entscheidungen die Gesundheit und das Leben der Ihnen Anvertrauten schützen, dürfen das Lernen nicht hemmen und müssen dennoch Gefahren von der Schule abwehren. Verlässliche, berechenbare Reaktionen in kritischen Situationen haben eine enorme Außenwirkung. Bedenken Sie das!
Darum unser Rat: Legen Sie Ihre Strategie zur Krisenbewältigung den schulischen Gremien offen und informieren Sie über aktuelle Krisen.

Das 2-Schritt-Verfahren bei Entscheidungen

Zumeist ist man mit seiner „Reisegesellschaft" über das konkrete Ziel einig. Aber das Wie führt zum Konflikt: Wie sollen wir das Ziel erreichen? Welchen Weg schlagen wir ein? Welchen ersten Schritt tun wir? Welche Zwischenetappen sind günstig?

Holen Sie im ersten Schritt die Meinungen Ihrer Mitstreiter ein. Nutzen Sie die Fähigkeiten Ihres Kollegiums, Ihrer Schüler, Ihrer Eltern und der außerschulischen Berater. Bedenkenswerte Einwände, gewichtige Ratschläge und wertvolle Hilfen kommen so zur Sprache und zeigen Grenzen, aber auch Möglichkeiten auf.
Aber dann, wenn sich eine Diskussion im Kreis dreht und sich keine konsensfähige Lösung abzeichnet, müssen Sie, das ist jedenfalls unsere Erfahrung, Ihrer Rolle als „Reiseleiter" gerecht werden und eine Entscheidung fällen. Dann gilt es, die nächsten Schritte zielstrebig und rasch anzugehen.

Zusammenfassung

Ein Schulleiter ist auch Abenteurer, Fährtenleser, Erfinder und Glücksritter. Aber vor allem ist er Leiter eines Dienstleistungsbetriebs, Gestalter einer Lebensgemeinschaft und Vorsteher einer Behörde, der Entscheidungen zu treffen und zu verantworten hat.

8.9 Veränderungen angehen

Denkanstoß: Schule braucht Veränderung: Warum? Warum nicht?

Bewährtes verankern

Nur das, was in der Alltagsroutine der Schule verankert ist, wird zum festen Bestandteil einer Schule. Es überfordert jede Schule, immer wieder aus dem Augenblick heraus gleiche oder ähnliche Entscheidungen treffen zu müssen. Belastet Kurzfristiges den Arbeitsalltag, dann geraten die langfristigen Ziele aus dem Blickfeld.
Also müssen Sie darauf bedacht sein, regelmäßig Wiederkehrendes durch Vereinbarungen im Schulprogramm und durch Schaffung von Zuständigkeiten so weit wie möglich zu verankern. Genau das meint der Begriff der *Schule als lernender Organisation*. Institutionell muss sichergestellt werden, dass Entscheidungen und Ergebnisse im Veränderungsprozess nicht verloren gehen, sondern als gemeinsamer Wille festgeschrieben und tradiert werden.

Beispiel „Lesekompetenz steigern": Nehmen wir an, das Leitbild Ihrer Schule misst der Lesekompetenz besondere Bedeutung bei. Unter Hinweis darauf erhält eine Steuer- bzw. Arbeitsgruppe den Auftrag, eine Konzeption zur Steigerung der Lesekompetenz für die ganze Schule zu entwerfen. Die Gruppe (Lehrer, Eltern, ggf. Schüler, Bibliothekarin, Buchhändler) entwirft ein schulspezifisches Design, stellt es in den schulischen Gremien vor, findet dort Zustimmung und vergibt nun an Schulklassen, Lehrkräfte und AG-Leiter Aufträge:

- Klasse X erarbeitet das Design für *Das Buch des Monats*. Eine Vitrine wird besorgt und ausgestaltet. Ein Literaturbrett wird angebracht. Eine regelmäßige Rubrik *Unser Buchtipp* wird für die Schülerzeitung, die Schulbroschüre, den Gemeindeboten und die Tageszeitung vereinbart. Für Weihnachten wird eine Liste empfohlener Bücher erarbeitet und Schülern und Eltern überreicht.
- Klasse Y gründet eine *Schreibwerkstatt* (Arbeitsgemeinschaft) und entwirft das spezielle Design dafür: Werkzeuge, Hilfsmittel und Materialien werden besorgt (PC mit spezieller Software; mehrere verschiedene Reimlexika, kalligrafische Werkzeuge, Bindegeräte, Handbücher). (Senior-)Berater werden angeheuert, verschiedene Schreibanlässe ausprobiert.
- Klasse Z entwickelt das Design für einen schulspezifischen *Literaturtag* im November: Organisationsschema, Tagesablauf, Gästeliste, Einladungsschreiben, Themenliste für klasseninterne und klassenübergreifende Aktivitäten und Projekte (beispielsweise Backen von Lesemäusen, Gestaltung von Lesezeichen, kleine Sketche usw.), Präsentationsmöglichkeiten.

Wenn mit viel Liebe und Mühe solche Designs entwickelt worden sind, dann darf man die nicht ins Archiv stellen oder in den Mülleimer werfen. Man muss sie nutzen, um den Rücken für neue Arbeiten oder für Qualitätsverbesserungen frei zu haben. Dann gibt es nur zwei Möglichkeiten:

- Die Designs werden Teil des Schulprogramms. In den folgenden Jahren werden sie nahezu unverändert von neuen Klassen übernommen, damit an der Schule genügend Personalkapazitäten frei werden für neue Aufträge, z. B. für ein viertes oder fünftes Design (Gründung einer Theaterwerkstatt oder Gewinnung von Lesepaten) oder für sonstige Weiterentwicklungen.
- Die Designs werden in den folgenden Jahren von neuen Klassen überarbeitet und verfeinert, bleiben aber im Kern erhalten.

Eines dürfen Sie keinesfalls zulassen: Besserwisser dürfen nicht bisher Geleistetes missachten. Dagegen müssen Sie konsequent angehen. Teamarbeit heißt nicht nur, mit anderen Menschen zusammenarbeiten zu können. Es bedeutet auch, frühere und künftige Leistungen anzuerkennen. Wenn Sie nicht darauf beharren, Geleistetes ins Schulprogramm einzuarbeiten, dann brauchen Sie überhaupt keinen Plan. Denn dann wird ja alles, was schon einmal erschaffen wurde, immer wieder neu erfunden. Dann kommt Ihre Schule nicht voran, sondern mäandriert im Kreis.
Daraus folgt: Sie sollten für alle regelmäßig wiederkehrende Situationen Lösungen erarbeiten lassen und Zuständigkeiten dafür schaffen. Ist Ihre Schule sehr klein, dann sollten Sie mit Nachbarschulen zusammenarbeiten und ein gemeinsames Netzwerk anstreben.

Beispiel „Schuljahresbeginn ritualisieren": Vor allem das zum selben Zeitpunkt immer Wiederkehrende müssen Sie, wenn noch nicht institutionalisiert, rasch in Auftrag geben. Das trifft vor allem für den Schuljahresanfang zu:

- Terminplanung für das Schuljahr erarbeiten: alle wichtigen unterrichtlichen und außerunterrichtlichen Projekte und Aktivitäten einschließlich Sitzungsterminen aller schulischen Gremien und aller schulrechtlichen und organisatorischen Fixpunkte im Jahr. Erarbeitung eines PC-gestützten Designs, das in den Folgejahren von einer bestimmten Person (Sekretärin oder Lehrkraft) bedient werden kann.
- Schuljahresorganisation entwickeln: Stundenplangestaltung, Schulbuskoordination, Pausenaufsicht, Bücherbeschaffung usw. Die Schulleitung legt die Lehraufträge fest und übergibt einer Organisationsgruppe (in der Regel unter Leitung des Stellvertreters) den Auftrag, alle organisatorischen Einzelheiten für das neue Schuljahr zu planen und in der letzten Woche der Sommerferien eine Gesamtlehrerkonferenz für das neue Schuljahr zu gestalten. Elternvertreter und Schulsprecher dazu einladen. In dieser Sitzung sollte auch die Terminplanung für das ganze Schuljahr vorgelegt werden.
- Schuletat: Auch hierfür lohnt es, im Schulportfolio alle relevanten Daten und Abläufe festzuhalten. Eine aus Lehrern und Eltern bestehende Haushaltskommission kann dann der Schulleitung jährlich ein Haushaltskonzept vorschlagen, das nach Beratung in den schulischen Gremien zum Haushaltsplan wird und beim Schulträger eingereicht werden kann. Ein solcher Plan,

von allen Schulgremien unterstützt, hat bei der Kommune mehr Gewicht als der Plan einer einzelnen Person.
- Schulinformationen: Ein Infoteam erarbeitet Elternbriefe, Schulinfos usw. Es besorgt nach Freigabe durch die Schulleitung die Herstellung und die Verteilung der Informationsschriften.

Neuem gegenüber offen sein

Letztlich gibt es nur ein Grundmuster in der über siebentausendjährigen Schulgeschichte: *Veränderung*.
Die Schule muss, seitdem sie besteht, den gesellschaftlichen, politischen und wirtschaftlichen Wandel beobachten, Neuerungen erforderlichenfalls aufgreifen und inhaltliche und organisatorische Konsequenzen ziehen. Jeder Schulleiter, jede Schulleiterin steht deshalb vor dem Problem, im Lehrerkollegium, bei den Eltern und beim Schulträger für Anpassungen, Weiterentwicklungen, Veränderungen, ggf. auch Neukonzeptionen werben zu müssen. Schülerinnen und Schüler bremsen in aller Regel schulische Anpassungen nicht aus. Dort aber, wo unausweichliche Veränderungen abgelehnt werden, muss die Schulleitung die Bereitschaft dafür nachdrücklich wecken.
Immer dann, wenn finanzielle, personelle oder organisatorische Zwänge lieb gewordene Traditionen beenden, sind wir bereit, unsere Angst vor dem Neuen zu überwinden und neue Wege zu gehen. Aber kann es sich eine Schulleitung leisten, unausweichliche Umstellungen, Umwandlungen und Umwälzungen in der eigenen Schule zu meiden, nur weil im Lehrerkollegium die Not noch nicht groß genug ist? Nein, so lange dürfen Sie nicht warten.
Also lautet die Frage: Wie kann man die Lehrer, Eltern, Schüler und auch den Schulträger dazu bringen,
- die Verbesserung der Lernvoraussetzungen,
- die Lernbereitschaft der Schülerinnen und Schüler,
- die Lernhilfen der Lehrerinnen und Lehrer,
- die Optimierung des Unterrichts, der Schulkultur und der ganzen Schule

als ihr eigenes Problem anzusehen und anzupacken?

Sie müssen sich im Klaren darüber sein, dass Ihre Möglichkeiten, die Bereitschaft zu Wandlungsprozessen zu beeinflussen, relativ gering sind. Wie viele Anreize kann man denn in einer staatlichen Schule schaffen? Im System verordneter Einheitsgehälter und beamtenrechtlich geregelter Laufbahnen

gibt es kaum materielle Anreize. Wie viel Druck können Sie auf Unwillige ausüben? Die Drohung mit dienstlichen Beurteilungen verpufft, weil Sie nicht Arbeitgeber sind und die rechtlichen Möglichkeiten der Lehrkräfte nicht unterschätzt werden dürfen.
Vor allem ist zu bedenken: Sind Drohungen und materielle Anreize überhaupt geeignete Mittel, die Bereitschaft zu Veränderungen zu fördern?
Wir behaupten: Nein! Das Gallup Institut Potsdam hat im März 2014 die neueste Untersuchung zum Arbeitsengagement und zum Arbeitsfrust in Deutschland veröffentlicht. Es hat in einer repräsentativen Umfrage bei Mitarbeiterinnen und Mitarbeitern in deutschen Betrieben festgestellt:

- 16 % aller deutschen Arbeitnehmer sind mit ihrer Arbeit zufrieden und engagieren sich im Betrieb.
- 67 % machen „Dienst nach Vorschrift" und fühlen sich ihrem Unternehmen nicht verpflichtet.
- 17 % haben sich in die „innere Emigration" zurückgezogen.

Die häufig veröffentlichte Meinung, in verbeamteten Kollegien werde weniger geleistet und Veränderungen würden eher gemieden als in der sogenannten freien Wirtschaft, ist nach unserer Beobachtung falsch. Jede Schulaufsichtsbehörde kann in allen Einzelheiten belegen, dass das Engagement der Lehrerschaft über den gerade genannten Umfragewerten liegt und die Krankenquote niedriger ist als bei führenden Angestellten in der Privatwirtschaft.

Der gesamtwirtschaftliche Schaden des mangelnden Arbeitsengagements ist enorm. Die beiden häufigsten Gründe für den Frust am Arbeitsplatz sind:

- An erster Stelle geben die Arbeitnehmer die mangelnde Wertschätzung an: „Mein Vorgesetzter interessiert sich nicht für mich." Es fehle Lob und Anerkennung.
- Der zweithäufigste Grund: Man müsse Aufgaben ausfüllen, die einem nicht liegen oder die nicht besonders wichtig und geschätzt sind.

Das Gallup Institut hat überdies einen klaren Geschlechterunterschied bezüglich des Arbeitsengagements ermittelt: Frauen sind durchschnittlich engagierter als Männer. Weil kaum ein Arbeitsplatz so mit weiblichen Arbeitnehmern besetzt ist wie die Schule, kann allein schon daraus geschlossen werden, dass der Arbeitsfrust in der Schule geringer ist als in den Betrieben.

Die Gallup-Umfrage weist zugleich auf einen wichtigen Befund hin, den jede Führungskraft bestätigen kann: Frust am Arbeitsplatz herrscht dann, wenn es an der Wertschätzung mangelt und wenn die Arbeit gering geschätzt wird. Für unser Anliegen, die auf Veränderung angewiesene Schule, bedeutet das: Jeder Mensch, auch jeder erwachsene Mensch ist auf den Respekt der anderen angewiesen. Von Natur her kann er nicht auf die Einbindung in die Gemeinschaft verzichten. Befragt man Anthropologie und Psychologie, dann fällt rasch das Wort **Wertschätzung**. In diesem Begriff schwingen nämlich diese Bedeutungen mit: achten, anerkennen, auszeichnen, ehren, ernst nehmen, feiern, hochhalten, hochschätzen, gerecht werden, schätzen, verehren, würdigen – Achtung, Ehre, Ehrerweisung, Ehrung, Gruß, Hochachtung, Kompetenz, Rang, Respekt, Stellung, Verdienst, Würdigung, Würde.

Ist Ihr Kollegium unbelehrbar und pessimistisch, dann reagiert ihre Schule zu spät auf neue gesellschaftliche und pädagogische Herausforderungen. Dann sollten Sie zuerst sich selbst prüfen: Bin ich als unverwechselbare Persönlichkeit mit meinen Stärken und Schwächen deutlich genug erkennbar? Habe ich selbst meinen Kolleginnen und Kollegen genügend Wertschätzung und Vertrauen gezeigt? Habe ich genügend Mitstreiterinnen und Mitstreiter durch Aufgabendelegation gewonnen?
Aber auch das andere Extrem sollten Sie bedenken: Wenn einige Bewährtes verleugnen und zu euphorisch nur das Neue sehen, dann verausgaben Sie möglicherweise die besten Kräfte Ihrer Schule ohne andauernden Erfolg. Daher müssen Sie einen Mittelweg einschlagen: Das Gute, das Bewährte – das sich als „wahr" erwiesen hat – weiterpflegen und behutsam weiterentwickeln und zugleich offen sein für Neues.
Wir sind der festen Überzeugung, dass man als Führungspersönlichkeit seine Ziele und Zwischenetappen am besten aufschreibt. In Gesprächen bleibt man immer unverbindlich. Bringt man jedoch seine Gedanken zu Papier, dann ist man gezwungen, sich genau auszudrücken und Widersprüche in der Gedankenführung auszuräumen. Man macht sich dann selbst und anderen nicht so leicht etwas vor.

Zusammenfassung

Nichts ist beständiger als der Wandel. Das gilt auch für die Schule. Die Reisegesellschaft, die ihr Ziel kennt, findet den Weg. Das gilt auch für die Schule. Bewährtes muss man verankern und umsichtig und behutsam weiterentwickeln. Notwendige Veränderungen und völlig Neues muss man zielstrebig und lösungsorientiert angehen.

9. Führen – entwickeln und gestalten

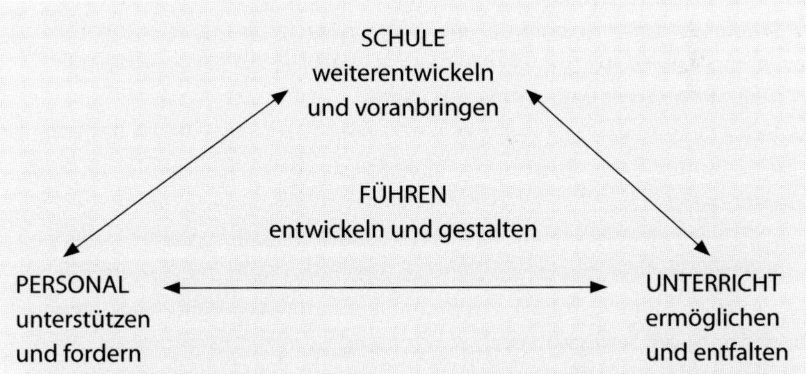

Voraussetzungen

- Die Stärken, Schwächen, Besonderheiten und Entwicklungsfelder der Einzelschule sind allen am Schulleben Beteiligten bekannt.
- Alle am Schulleben Beteiligten teilen ein gemeinsames Verständnis von gutem Unterricht und guter Schule.

9.1 Schule weiterentwickeln und voranbringen

Visionen, Ziele, Programme entfalten

Die wichtigsten Herausforderungen der gegenwärtigen Schulreform finden auf dem Feld der pädagogischen Veränderungen und der demokratischen, menschenstärkenden und sachenklärenden Qualitätssicherung des Lernens, Lehrens und Erziehens statt.

Diesem Feld der pädagogischen Veränderungen wollen wir uns schwerpunktmäßig zuwenden. Es geht dabei um die Frage: Wie überzeugt man Kollegium,

Schüler, Eltern und das ganze Schulpublikum von der Notwendigkeit solcher Veränderungen?
Antoine de Saint Exupéry hat den folgenden Leitsatz geprägt, der zu Recht häufig zitiert wird: „Wenn du ein Schiff bauen willst, dann rufe nicht die Menschen zusammen, um Holz zu schlagen, Werkzeuge zu holen, Pläne zu machen und Arbeit zu verteilen, sondern dann lehre sie zuerst die Sehnsucht nach dem großen weiten Meer."
Wenn man eine Schule führen will, wenn man dem Lehrerkollegium, den Eltern und der Schülerschaft sagen will, wohin die Bildungsreise gehen soll und was ein Kind am Ende seiner Schullaufbahn, sofern sie ideal verläuft, an Zugewinn aus der Schule mitnehmen kann, dann muss man eine Vorstellung davon haben, was erreicht werden kann und was davon Schuljahr um Schuljahr in Teilschritten erreicht werden soll.
Auf jedes Kind wirken mehrere Lehrerinnen und Lehrer ein, meist sogar am selben Schultag. Diese persönlichen Begegnungen sind prägender als jedes Lehrplanthema.
Deshalb ist es nicht hinnehmbar, dass sich die in derselben Klasse unterrichtenden Lehrerinnen und Lehrer nicht absprechen. Wenn der eine Lehrer „hü!" sagt und der andere „hott!", findet dann Erziehung statt? Weltweit setzt sich in Wirtschaft und Gesellschaft der Teamgedanke durch. Er bestimmt die Arbeitsprozesse und die gesellschaftlichen Gruppierungen. Er macht nicht vor der Schultüre halt, weil er in unserer komplexen Welt Hilfe und Halt bietet. Kein Lehrerkollegium kann von den Kindern Teamfähigkeit einfordern und diese nicht selbst praktizieren.
Also sind Sie gefordert, **dafür zu sorgen, dass sich die Lehrkräfte Ihres Kollegiums als Team verstehen.** Dazu braucht man mehr als bloße Zeit- und Ortsangaben für ein Zusammentreffen. Entscheidend ist vielmehr, dass eine Vorstellung davon besteht, wohin die gemeinsame „Reise" gehen soll.
Genau da sind in vielen Schulen die ersten Hürden aufgebaut, die Sie als Schulleiter, Schulleiterin überwinden müssen. „Ich habe schon vier Kultusminister und drei Bildungspläne erlebt. Für mich gibt´s nichts Neues mehr unter der pädagogischen Sonne", sagt vorwitzig oder – noch gefährlicher – denkt dieser oder jener Lehrer. „Das alles machen wir doch schon", belehrt Sie eine Kollegin. „Sollen doch erst die Eltern ihre Pflicht erfüllen und ordentlich erzogene Kinder in die Schule schicken, dann sehen wir weiter", zieht sich ein Kollege zurück.

Andere dagegen melden sich zu Wort und bieten Ihnen Unterstützung an: „Wenn sich alles in unserer Gesellschaft ändert, dann kann die Schule nicht alles beim Alten belassen. Auf mich können Sie zählen."
Eine dritte Gruppe im Kollegium sitzt und schweigt und wartet ab, ob die Reformer oder die Verweigerer die Oberhand gewinnen.
In dieser Situation, die in nahezu jeder Schule anzutreffen ist, sollten Sie sich nicht als Einzelkämpfer verstehen. Treten Sie nicht fordernd vor Ihr Kollegium. Verkünden Sie nicht von der Kanzel herab Ihre Visionen, Ihre Ziele, Ihre Konzeption. Verlangen Sie nicht, dass Ihre Vorstellungen umgehend als verbindliches Programm anerkannt werden. Wenn Sie nämlich so Ihr Kollegium herausfordern, dann werden Sie diesen Machtkampf verlieren. Wir raten Ihnen vielmehr, **eine Schulentwicklungsgruppe einzusetzen,** die in engem Meinungsaustausch mit Ihnen Etappenziele vorformuliert, Wege plant und Strategien entwirft, wie das Kollegium, die Schüler und die Eltern zu gewinnen sind.
Der Schulentwicklungsgruppe sollten grundsätzlich Vertreterinnen und Vertreter aller schulrelevanten Gruppen angehören: Lehrer, Eltern, Schüler, Schulträger. Sie wird, wenn sie gut zusammenarbeitet, an Ihrer Schule eine segensreiche Rolle spielen:

- Sie wird sich als Motor der lernenden Organisation Schule verstehen und für einen kontinuierlichen Lern- und Veränderungsprozess an Ihrer Schule sorgen.
- Sie ist der Schulleitung unmittelbar zugeordnet und setzt in enger Zusammenarbeit mit ihr Impulse für die Weiterentwicklung des Leitbildes und des Schulprogramms.
- Sie übernimmt in den schulischen Gremien die Aufgabe, die Veränderungsschritte zu präsentieren.
- Sie erarbeitet, ggf. in Zusammenarbeit mit einem weiteren Lehrerteam, Informationsmaterialien und Pressemitteilungen zur Schulentwicklung.
- Ein besonders kreatives Tandem der Schulentwicklungsgruppe kann die Aufgabe des Controllings übernehmen und gezielt Methoden und Informationen für den schulischen Erneuerungsprozess bereitstellen.

Ihre Aufgabe als Führungskraft ist es, die Schulentwicklungsgruppe zu unterstützen, Optimismus auszustrahlen und nicht zum Bedenkenträger zu werden. Sprechen Sie Ihren Mitarbeiterrinnen und Mitarbeitern Mut zu neuen

Wegen zu. Kalkulieren Sie Fehler ein. Tolerieren Sie Rückschläge, und bleiben Sie gelassen. So stehen Sie Phasen relativer Unruhe und Unordnung gut durch. „Unruhe mit Ruhe begegnen", lautet eine altbewährte Pädagogenregel. Wenden Sie diese Regel auch in der Schulentwicklung an. Sie und Ihre ganze Schule werden davon profitieren.
In diesem Stadium ist es auch wichtig, die Bedeutung der Schulentwicklungsgruppe für die ganze Schule hervorzuheben: Gewähren Sie den Mitgliedern „Privilegien" (z. B. Reisen zu anderen Schulen, Dienstbefreiungen für Tagungen usw.). Erlauben Sie ihnen, auswärtige Berater einzuladen. Prüfen Sie sorgfältig, ob Sie für eine begrenzte Zeit die in vielen Schulen üblichen Anrechnungsstunden bevorzugt für deren Arbeit einsetzen und bisherige Vergabepraktiken aussetzen können.
Vor allem: Gönnen Sie der Arbeitsgruppe Zeit. Erwarten Sie keine Vollzugsmeldung nach kurzer Zeit. Die Gruppe muss überzeugende Etappenziele und Wege finden und darstellen können. Finden ist ein schöpferischer Prozess. Anders als beim Suchen, können und sollen auch Ideen geboren werden, die bisher nicht verwirklicht oder nicht einmal gedacht wurden.

Veränderungen vermitteln und erste Teilschritte planen

Der wichtigste Rat vorweg: Überlassen Sie es der Schulentwicklungsgruppe, die Arbeitsergebnisse dem Lehrerkollegium, der Schülervertretung, dem Elternbeirat vorzutragen. Halten Sie sich zurück und übernehmen Sie die Rolle des Moderators. Aus zwei Gründen: Erstens haben die Mitglieder der Arbeitsgruppe gearbeitet. Sie wollen ihre Arbeit selbst präsentieren. Sie wollen zeigen, dass Sie für die Schule eine wichtige Aufgabe zu erfüllen haben. Zeigen Sie, dass Sie Vertrauen in Ihre Mitarbeiterinnen und Mitarbeiter setzen und deren Arbeit zu schätzen wissen. Zweitens nehmen gerade Lehrerinnen und Lehrer einem Kollegen oder einer Kollegin eine neue und möglicherweise auch schwierige Arbeit eher ab als Ihnen, insbesondere dann, wenn Sie selbst neu im Amt sind.
Sie sollten den „Türöffner" spielen und der Arbeitsgruppe ein Forum zur Präsentation bieten, z. B. eine Konferenz oder eine Schulfeier. Sie sollten das Präsentierte unterstützen, die Arbeit der Gruppe loben und für die neuen Ziele werben.

Unser Rat: Stellen Sie das Publikum, an das sich die Schulentwicklungsgruppe wendet, nicht vor vollendete Tatsachen. Es würde vermutlich sonst so wie alle Menschen reagieren, auf die plötzlich Neues zukommt: mit Angst- und Fluchtreaktionen. Bieten Sie der Gruppe genügend Raum und Gelegenheiten, das Angedachte vor jeder Sitzung zu präsentieren, z. B. auf einer Pinnwand im Schulhausflur oder im Lehrerzimmer oder in einer Beilage zur Einladung für die Sitzung.
Ein Führender ist niemals ein Allwissender und darf schon gar kein Besserwisser sein. Ein Führender ist ein Generalist, der sich auf das Detailwissen seiner Mitarbeiter stützt. Deshalb sollten Sie das von der Gruppe Erarbeitete nicht in der Öffentlichkeit ergänzen oder gar da und dort infrage stellen.

Die genaue Wegstrecke zum neuen Ziel und die auf der Reise dorthin benötigten Methoden müssen zum Zeitpunkt der Präsentation der Ziele noch nicht fest verankert sein. Gönnen Sie es dem Kollegium, den Eltern, den Schülern, Verbesserungen und eigene Vorstellungen in das Konzept einzufügen. Gemeinsam sollte man herausarbeiten, mit welchem ersten Teilschritt man den Weg zur Schulentwicklung beginnt. Der Straßenkehrer Beppo aus dem Märchenroman „Momo" (Michael Ende: Momo. Neuausgabe, Stuttgart 2005.) hat das so formuliert: kleine Schritte, zumindest am Anfang, und **die Schritte zuerst, die raschen Erfolg verheißen.** Das Team muss sich zu Beginn seiner Reise immer wieder selbst auf die Schulter klopfen dürfen: „Das haben wir gut gemacht." Nach ein paar erfolgreichen Schritten wachsen Mut und Selbstvertrauen zu größeren Schritten.

Um Vertrauen werben

Wenn man sich auf den Weg macht, dann sind oft viele Detailfragen unbeantwortet. Also müssen die Weggenossen Vertrauen in den Reiseleiter haben. Das erfordert von Ihnen: Rechenschaft ablegen, Vorhersagen wagen, Zuverlässigkeit und Berechenbarkeit beweisen, Mut zusprechen, Fehler tolerieren. In dieser Phase sind Sie als Führender besonders gefragt. Auf Ihr psychologisches Fingerspitzengefühl, Ihre Gelassenheit bei auftretenden Problemen, Ihre Besonnenheit kommt es an. Vertrauensvolles Miteinander ist die Geschäftsgrundlage für jede Reise in eine unwägbare Zukunft. Wer Vertrauen ausstrahlt, hat immer einen Standpunkt, der sachlich und gerecht ist. Doch Vertrauen kann man nur in einer menschenstärkenden Gesprächskultur stiften.

Mitarbeitergespräche sind in diesem Verfahrensschritt sehr, sehr wichtig. Im Dialog können Sie zu jedem Ihrer Mitarbeiter eine Vertrauensbrücke bauen.

Persönlichkeiten entfalten und Aufträge erteilen
Hier ist gemeint: Erstens die Persönlichkeit der Mitarbeiterinnen und Mitarbeiter achten und zur Geltung bringen. Zweitens die eigene Persönlichkeit (also die unverwechselbare Lebensphilosophie, „Handschrift", Handlungskompetenz des Führenden) wirken lassen. Jede und jeder soll seine Stärken und sein Selbstwertgefühl entfalten können. Ichbezogenheit, Überheblichkeit oder Selbstbeweihräucherung müssen unterbleiben. Die Bereitschaft, Schwächen auszugleichen, gilt es zu fördern. Jede Lehrerin, jeder Lehrer, jeder Schülersprecher, jede Elternvertreterin, hat Stärken. Nützen Sie diese. Verteilen Sie Aufträge. Delegieren Sie. Ideal wäre es, wenn jede Lehrerin und jeder Lehrer einen Auftrag erhält, der eigene Stärken nützt.

Wir teilen die Erfahrung des Straßenkehrers Beppo aus Michael Endes „Momo": „Nie die ganze lange Straße auf einmal kehren wollen, immer nur abschnittsweise." (Michael Ende: Momo. Neuausgabe, Stuttgart 2005.) Wenn man einem Kollegium, das erste Schritte zur eigenen Schulentwicklung geht, die fertigen Ergebnisse einer anderen Schule ungeschickt präsentiert, dann kommt meistens Resignation auf: „So etwas schaffen wir nie." Deshalb ist die Arbeit am ersten Teilschritt sehr wichtig. Er muss hinsichtlich Laufzeit (in der Regel ein Schuljahr) und Arbeitsumfang überschaubar sein, darf nicht entmutigen und muss in kurzer Zeit geplant und verwirklicht werden können. Er wird mit Arbeitsaufträgen in Gang gesetzt.

Demokratische Strukturen einrichten
Der Maßstab für demokratisches Handeln gilt als ausgemacht: die Partizipation, also die Teilhabe einzelner Mitarbeiter oder Gruppen an Entscheidungsprozessen.
Deshalb raten wir Ihnen, die für Ihre Schule gültigen demokratischen Grundstrukturen im Leitbild zu verankern.
Bisher wurden die Schulen durch Gesetze, Verordnungen, Erlasse, Lehrpläne und organisatorische Vorgaben (z. B. Klassenteiler) zentral gesteuert. Die Wirkkraft dieser Steuerungsinstrumente verblasst immer mehr. An ihre Stelle sind

spätestens seit der Diskussion um die PISA-Ergebnisse neue Steuerungsinstrumente getreten, die in allen PISA-führenden Staaten zu wirken beginnen:

- zunehmende (Teil-)Autonomie der Einzelschule,
- abschlussbezogene Bildungsstandards,
- systematische Rückmeldesysteme und Rechenschaftslegung.

Den Prozess der wachsenden Gestaltungsfreiheit jeder einzelnen Schule muss man aber auch verstehen als einen Prozess zunehmender Verantwortung: Je mehr Freiräume einer Schule eingeräumt werden, desto größer werden auch die eigenen Zuständigkeiten und Verantwortlichkeiten.

Entwicklungen voranbringen

Entwicklungsfelder im schulischen Bereich gibt es zur Genüge. Gegenwärtig rücken diese in den Blick: frühkindliche Bildung, Inklusion, Umgang mit Heterogenität, Kompetenzorientierung, Entwicklung einer neuen Lernkultur, Gestaltung von Lernumgebungen, pädagogische Diagnostik und individuelle Förderung, Form und Qualität schulischer Leistungsbeurteilung, ganztägig lernen, Prävention und Gesundheitsförderung, Sprachförderung, interkulturelle Bildung und Erziehung, Stärkung von Erziehungspartnerschaften, Netzwerkbildung.

An ganz kleinen Schulen ist es Schulleiterinnen und Schulleitern zuweilen gelungen, vor das Kollegium hinzutreten und diesem in einer Art „Regierungserklärung" die Ziele der Schulentwicklung zu diktieren und abschließend die ersten Schritte zur Verwirklichung zu verkünden.

Wie gesagt, an kleinen Schulen ist so etwas unter bestimmten Bedingungen möglich. An größeren und sehr großen Schulen schaffen Sie sich mit einem solchen Vorgehen nur Feinde, weil man es als Diktat, als Bevormundung und Missachtung der Mitarbeiter und Mitarbeiterinnen auffassen wird.

Schulentwicklungsprozesse verlaufen nicht linear, eher kontrovers, meist jedoch in vier Phasen:

- **Phase 1 – Ideen und Verbündete sammeln:** Einzelkämpfer, die Veränderungen wünschen, finden sich zu einer Arbeitsgruppe zusammen und formulieren eine vorläufige Schulvision.
- **Phase 2 – Konfrontationen nicht ausweichen:** Ablehnung und kritische Distanz werden von den Gegnern von Reformen zum Teil massiv vorgetragen.

- **Phase 3 – Kommunikation suchen:** Möglichkeiten des Miteinanders, aber auch der Abgrenzung von reformresistenten Lehrkräften werden gesichtet.
- **Phase 4 – Konsens formulieren:** Übereinstimmungen und Absprachen werden getroffen.

Stolpersteine meiden

Die Schulleitung und die Schulentwicklungsgruppe dürfen bei der Weiterentwicklung der Schule die folgenden Stolpersteine nicht übersehen:

- *100-Prozent-Falle:* Entwicklungsverhinderer fordern, alle Lehrkräfte müssten einem bestimmten Punkt in der Schulentwicklung zustimmen. Weisen Sie ein solches Ansinnen strikt zurück. Alle, aber auch alle segensreichen Entwicklungen auf dieser Erde sind immer nur von Mehrheiten gegen Minderheiten durchgesetzt worden. Oft war die Mehrheit der Minderheit nur hauchdünn überlegen. Die segensreiche „Soziale Marktwirtschaft" wurde in Deutschland nach dem Zweiten Weltkrieg mit der Mehrheit von einer Stimme beschlossen.

- *Killerphrasen-Falle:* In allen Betrieben und Institutionen gibt es immer Menschen, die entweder zu ängstlich oder zu bequem sind, Neues mitzutragen: „Drei Schulentwicklungen erlebt, keine mitgemacht", lautet eine gängige Killerphrase in der Schule. Häufig treten die Verhinderer als Oberpädagogen auf. Ersticken Sie solche Phrasen im Ansatz. Die Willigen in Ihrem Kollegium erwarten von Ihnen zu Recht, dass Sie Killerphrasen konsequent zurückweisen.

- *Nicht-konsequentes-Auftreten-Falle:* Schulleitung und die Mitglieder der Schulentwicklungsgruppe müssen Rat, Empfehlungen, Kritik und Einwände sehr ernst nehmen. Aber sie sollten selbst nicht zu Bedenkenträgern werden, sondern einmal für richtig Erkanntes konsequent vertreten.

- *Wir-brauchen-keine-Beratung-Falle:* Kein Mensch taugt ohne Rat und Zuwendung von anderen. Schauen Sie immer wieder über den Zaun Ihrer Schule, holen Sie sich Rat und Hilfe von allen Seiten. Prüfen Sie aber alle Ratschläge eingehend. Den besten Rat werden Sie meistens von Betroffenen und Beteiligten hören, wenn Sie hinhören.

Rechnen Sie auch mit Phasen der Enttäuschung: In der Pädagogik sind keine verordneten Sofortprozesse möglich. Auch wenn man mit aller Kraft einen

solchen Prozess fördert, wird er Monate, manchmal auch Jahre beanspruchen, bis er Erfolge zeigt.
Versuchsschulen einrichten und dort eine neue Idee verwirklichen, ist keine große Sache. Probleme treten meist erst dann auf, wenn die Umsetzung von der Modellidee in den Schulalltag beginnt, weil dann Variationen der Idee vor Ort nötig werden.

Evaluation einplanen

Evaluationsfragen werden weniger nach dem materiellen Wert gestellt, sondern eher nach dem ideellen: Was bewirkt diese oder jene unterrichtliche Maßnahme oder schulische Aktivität beim Schüler? Wie gut sind die Lernergebnisse? Welche Methoden und Strategien beherrschen die Schüler, um einen Sachverhalt aufzuklären oder ein Problem zu lösen? Welche Meinungen und Haltungen rufen die schulischen Maßnahmen bei den Schülern hervor? In welchem Verhältnis stehen Aufwand und Ergebnis?
Solche und ähnliche Fragen muss jede moderne Schule beantworten. Es ist ratsam, bedenkenswerte Antworten bei der Steuerung der Schulentwicklung zu berücksichtigen.
In Deutschland waren Untersuchungen zu Lernerfolgen und zur Unterrichtsqualität lange Zeit tabu. Erst um die Jahrtausendwende erreichte, angefacht durch die PISA-Studie, die international längst entbrannte Diskussion über Schulqualität und Qualitätssicherung endlich unser Land. Zwischenzeitlich sind qualitätssichernde Maßnahmen auch bei uns weit verbreitet.
So sind beispielsweise Vergleichsarbeiten (VERA) länderübergreifend für alle allgemeinbildenden Schulen flächendeckend und jahrgangsbezogen (VERA 3 und VERA 8) eingeführt. Sie gründen auf den von der Kultusministerkonferenz definierten Bildungsstandards. Die Aufgabenentwicklung liegt beim Institut zur Qualitätsentwicklung im Bildungswesen (IQB). Bei den Vergleichsarbeiten wird überprüft, welche Kompetenzen Schülerinnen und Schüler in einem bestimmten Fach zu einem bestimmten Zeitpunkt erreicht haben. Aus den Ergebnissen lassen sich für Schülerinnen und Schüler, Lehrkräfte, Eltern und die jeweilige Schule wichtige Informationen herauslesen und hilfreiche Rückschlüsse auf die weitere Unterrichts- und Schulentwicklung ziehen. Sowohl die Analyse als auch die Interpretation und Dokumentation der Ergebnisse aus VERA sind verpflichtender Bestandteil der Selbstevaluation jeder Einzelschule (Weiterführende Erläuterungen dazu bei Andreas Helmke, Kap. 4, Pkt. 8, insbesondere 4.8.3.1).

Unser Rat: Analysieren, interpretieren und dokumentieren Sie die gewonnenen Daten auf Schüler-, Klassen-, Jahrgangs- und Schulebene gründlich, am besten im Team. Leiten Sie daraus gegebenenfalls konkrete Maßnahmen für die Unterrichts- und Schulentwicklung ab und setzen Sie diese nach Plan um. Hinterlegen Sie die Daten und die daraus abgeleiteten Maßnahmen im Schulportfolio. Sie werden grundsätzlich immer auch Gegenstand der Fremdevaluation sein.
Selbstevaluation und Fremdevaluation sind zentrale Instrumente der Unterrichts- und Schulentwicklung und ergänzen sich gegenseitig. Alle öffentlichen Schulen sind dazu verpflichtet. Bei der Selbstevaluation trägt die Einzelschule die Verantwortung für die systematische Durchführung, Gestaltung und Auswertung. Dabei sind folgende Fragestellungen leitend: Welche bedeutsamen Bereiche sollen evaluiert werden? Welches Ziel wird damit verfolgt? Wer holt wann und wie die erforderlichen Daten ein? Welche Konsequenzen werden aus den gewonnenen Daten für die qualitative Weiterentwicklung von Unterricht und Schule gewonnen? Wie werden die geplanten Maßnahmen umgesetzt? Wie wird die Zielerreichung überprüft? Wie werden Verfahren und Ergebnisse der Selbstevaluation dokumentiert? (Eine wissenschaftlich fundierte und erschöpfende Auskunft dazu bei Andreas Helmke, Kap. 5.5)

Daten, die bei der Selbstevaluation gewonnen werden, gehören der Schule und dienen unter anderem auch dazu, den Erfolg des eigenen Tuns zu bestätigen.
Die einfachste, wichtigste und nach unserer Erfahrung effektivste Methode ist die „Kundenbefragung". Design und Verfahren sind unkompliziert: Schüler und/oder Eltern äußern sich mithilfe eines Fragebogens über ihre Schule. Standardisierte Fragebögen und andere Evaluationsinstrumente sind in Fachbüchern und im Internet in Hülle und Fülle veröffentlicht. Ein computergestütztes Instrument zur Selbstevaluation für Schulen im deutschsprachigen Raum bietet beispielsweise EIS (Evaluationsinstrumente für Schulen unter www.emse-netzwerk.de/uploads/Main/EMSE_14_EiS-Portal_Ingola.pdf). Weitere Informationen finden Sie unter www.selbstevaluation.de.

Bei der Fremdevaluation werden die schulinternen Evaluationsmaßnahmen durch den Blick von außen ergänzt. Grundlage bildet hierbei in nahezu allen

Bundesländern ein Referenz- oder Orientierungsrahmen zur Schulqualität. In Baden-Württemberg beispielsweise gliedert sich dieser in die folgenden sechs Qualitätsbereiche: Unterricht, Professionalität der Lehrkräfte, Schulführung und Schulmanagement, Schul- und Klassenklima, inner- und außerschulische Partnerschaften sowie die Qualitätssicherung und Qualitätsentwicklung. Die standardisierte, kriteriengeleitete Erfassung und Bewertung der Ergebnisse fließt in einen Fremdevaluationsbericht ein. Er dient der Rechenschaftsbelegung über bereits Erreichtes und noch zu Erreichendes. Darüber hinaus werden Empfehlungen für die qualitative Weiterentwicklung der Einzelschule ausgesprochen. Der Fremdevaluationsbericht bildet die Grundlage für Zielvereinbarungsgespräche mit der Schulaufsicht.
Zielvereinbarungen verfolgen das Ziel, die Erziehungs- und Bildungsarbeit der Einzelschule zu verbessern. Sie sind ein wichtiges Steuerungsinstrument schulischer Entwicklungsprozesse. Die vereinbarten Ziele werden schriftlich festgehalten und verbinden Entwicklungsziele der Einzelschule mit den bildungspolitischen Vorgaben. Vereinbarte Ziele bedürfen einer regelmäßigen, häufig jährlichen Bilanzierung. Wir raten Ihnen, Ihr Kollegium und die schulischen Gremien frühzeitig in den Zielvereinbarungsprozess einzubinden, um Einvernehmen herzustellen. Das erhöht die Akzeptanz und die Wirksamkeit der vereinbarten Ziele. Achten Sie auch darauf, dass die vereinbarten Ziele möglichst genau und messbar formuliert sind. Sie sollten zudem motivierend, leistungsfördernd, anspruchsvoll und innerhalb eines bestimmten Zeitfensters erreichbar sein.

Zusammenfassung

Ziel der schulischen Qualitätsentwicklung ist die Verbesserung der Erziehungs- und Bildungsarbeit der Einzelschule. Sie bedarf systematischer und wissenschaftlich abgesicherter Verfahren, demokratischer Strukturen und regelmäßiger Rechenschaftslegung. Die frühzeitige Einbeziehung aller Beteiligten ist Voraussetzung für das Gelingen.

9.2 Personal unterstützen und fördern

Bausteine zur Qualifizierung

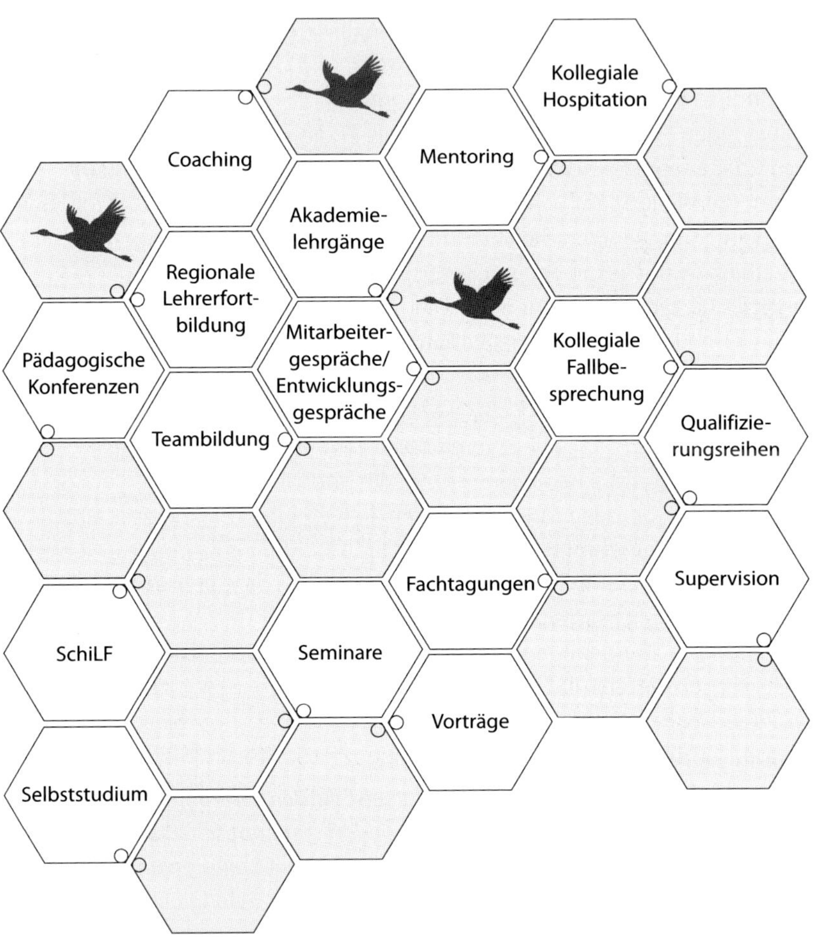

Qualifizierungsmaßnahmen fördern und lenken

Lehrerinnen und Lehrer sind das wichtigste Kapital der Schule. Sie prägen die Qualität schulischer Arbeit. Deshalb ist eine gute Schule immer auch abhängig von der Qualität und Professionalität ihrer Lehrkräfte. Weil die Schule aber einem stetigen Wandel unterzogen ist, müssen sich auch die Lehrerinnen und Lehrer fachlich und pädagogisch weiterentwickeln und die eigene Kompetenz immer wieder aufs Neue stärken und entfalten. Ein gutes Fort- und Weiterbildungsangebot (das Wissenschaft und Praxis miteinander verzahnt) hilft, Kompetenzen aufzubauen. Wenn Sie also Ihre Schule voranbringen, Ihre Lehrkräfte fördern und die Schulentwicklung lenken wollen, ist es deshalb zwingend erforderlich, eine schulische Fortbildungskonzeption zu entwickeln, die individuelle Vorlieben der einzelnen Lehrkräfte berücksichtigt und mit den Bedürfnissen Ihrer Schule in Einklang bringt.

Unser Rat: Benennen Sie einen Fortbildungsbeauftragten, der alle Fortbildungsangebote sichtet. Lassen Sie den individuellen Fortbildungsbedarf jeder Lehrkraft erfragen. Lassen Sie insbesondere den Fortbildungsbedarf erheben, der sich aus den Themen der Schulentwicklung ergibt. Gleichen Sie Fortbildungswünsche, Erfordernisse der Schule und Fortbildungsangebote miteinander ab. Erstellen Sie zusammen mit der Schulentwicklungsgruppe und dem Kollegium einen konkreten Fortbildungsplan. Stellen Sie sicher, dass die Erkenntnisse aus den Fortbildungsmaßnahmen im Kollegium, unter Schülern und Eltern multipliziert werden. Bereiten Sie den Boden, damit das neue Saatgut in Unterricht und Schule keimen kann.

Neue Lehrerrolle einüben

Bis die personalrechtlichen Rahmenbedingungen und die Lehrerausbildung in Deutschland so gestaltet sind, dass alle Lehrkräfte die neue Lehrerrolle verinnerlicht haben, werden Sie an Ihrer Schule viel Überzeugungsarbeit leisten müssen, unterstützt durch Mitarbeitergespräche, Lehrerfortbildungen, Unterrichtshospitationen und Teambildungen. Denn die eigene schulische Sozialisation, die tradierte Lehrerausbildung zum Stoffvermittler und Unterrichtsmethodiker, die eigene Unterrichtspraxis und die herkömmlichen Vorstellungen von Unterricht und Schule bestärken viele Lehrkräfte darin, unterrichtlich vieles so zu belassen, wie es schon immer war (über Professionalisierungsstandards siehe auch Andreas Helmke, Kap. 3.7).

Wenn Sie Veränderungen herbeiführen wollen, und wenn die nationale Schulpolitik und die internationale Schulpädagogik darin übereinstimmen, dass moderner Unterricht der Kern der Schule ist und auf das Prinzip „Hilf mir, selbstständig und selbsttätig zu lernen" abzielen muss, dann ist das Einüben der neuen Lehrerrolle als Lernbegleiter und Erzieher für den Erfolg Ihrer Schulentwicklung und Ihrer Führungsarbeit von außerordentlich großer Bedeutung.

Es geht also vor allem darum, den Unterricht aller Lehrkräfte so zu beeinflussen, dass die Schülerinnen und Schülern mehr Zeit und Raum für selbstständiges und selbsttätiges Lernen, Leisten und Lehren gewinnen.

Im ***ersten Schritt*** heißt das: Alle Lehrkräfte ermuntern, den eigenen Unterricht zu prüfen, sich individuelles Feedback einzuholen, bei Kolleginnen und Kollegen nachzufragen und vor allem deren Unterricht zu beobachten und in Gruppen über Lernen, Leisten und Lehren zu sprechen. Es gilt, die Sprachlosigkeit im Lehrerkollegium über Unterricht zu beenden und Gespräche über zeitgemäßen Unterricht einzufordern und zu fördern.

Im ***zweiten Schritt*** müssen die Lehrer in Gruppen lernen, aktuelle Forschungsergebnisse aus Pädagogik, Fachwissenschaft, Fachdidaktik und Lernpsychologie zusammenzutragen, denn die in der eigenen Berufsausbildung erworbenen Kenntnisse reichen nicht mehr für ein ganzes Lehrerleben aus.

Im ***dritten Schritt*** müssen sich die Lehrer in Gruppen aufmachen, zeitgemäße Lernformen und die neue Lernkultur bei Kollegen innerhalb und außerhalb der eigenen Schule zu studieren, einzuüben und umzusetzen. Dabei ist es wichtig, dass alles im Team geschieht. Die *traditionelle* Schule setzte ganz auf den einzelnen Lehrer. Die *moderne* Schule weiß, ebenso wie die ganze moderne Arbeitswelt, um den Wert des einzelnen Mitarbeiters, hat jedoch auch erkannt, dass der Einzelne schnell an seine Grenzen stößt, weil das Wissen inzwischen stark vernetzt ist. Darum müssen sich moderne Lehrer ständig über Wissen und Erfahrungen austauschen.

Im ***vierten und entscheidenden Schritt*** müssen sich folglich die Lehrer gegenseitig unterstützen, im Unterricht beobachten und auf die Rolle als Lernberater und Lernbegleiter konzentrieren. Am besten geschieht das in Gruppen. Damit muss die Gestaltung der Lernumgebung sowie der Auf- und Ausbau von Lernhilfesystemen durch Schülerinnen und Schüler und außerschulische Partner einhergehen.
Sie als Schulleiterin bzw. Schulleiter müssen diese Gruppen im Kollegium nach besten Kräften fördern und ihnen alle Hindernisse aus dem Weg räumen. Denn mit der Modernisierung des Lernens und des Unterrichts steht und fällt die Qualitätssicherung an Ihrer Schule.

Sichern Sie durch Teambildung, schulinterne Fortbildungen, gegenseitige Hospitationen, Teilnahme an zentralen Fortbildungsseminaren usw. den Grundkonsens zur Unterrichtsqualität. Fordern Sie an Ihrer Schule die neue Lehrerrolle ein. Das ist nicht Aufgabe der Schulaufsicht oder des Kultusministeriums, sondern jedes einzelnen Lehrers, angeregt und gesteuert durch die Schulleitung. Beharren Sie darauf, dass die Lehrerbildung im Blick auf die neue Lernkultur regelmäßig thematisiert wird.

Zusammenfassung

Eine gute Schule bedarf qualifizierter Lehrerinnen und Lehrer. Ein wesentliches Steuerungsinstrument persönlicher, individueller und schulischer Entwicklungsprozesse ist eine systematische Fortbildungsplanung. Sie ist sowohl der qualitativen Weiterentwicklung der einzelnen Lehrkräfte als auch der Weiterentwicklung von Unterricht und Schule als Ganzes verpflichtet. Die Fortbildungsplanung muss deshalb fester Bestandteil der Schulentwicklung sein.

9.3 Unterricht ermöglichen und entfalten

Unterricht bemisst sich nach dem Wirkungsgrad. Er ist gut, wenn es die Lehrkraft versteht, eine lernförderliche, wertschätzende Atmosphäre zu schaffen und die Schülerinnen und Schüler individuell zu fördern und zu fordern.

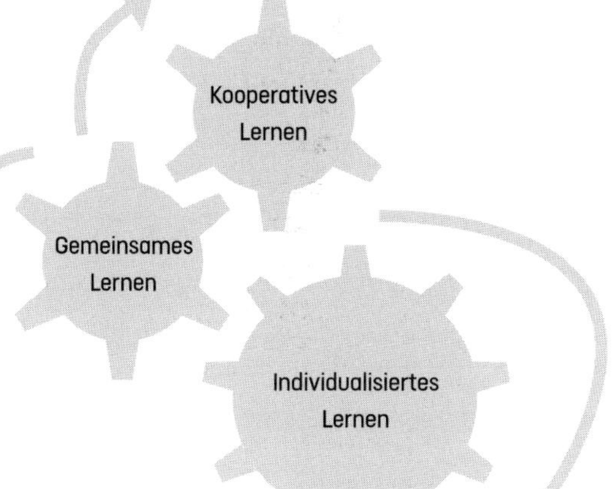

Das Kernziel: Lernen ermöglichen und fördern!
Lernen geschieht nur individuell. Es gelingt dann am besten, wenn die Lehrkraft die Lernvoraussetzungen jedes einzelnen Kindes aufgreift, die kindliche Neugier und Motivation zum Lernen nützt und das Lernen zum Mittelpunkt des Unterrichts macht.

- **Lernen** heißt: Ich bin einer Sache auf der Spur.
- **Leisten** heißt: Ich habe eine Spur bis ans Ende verfolgt.
- **Lehren** heißt: Ich kenne mich bei der Spurensuche schon so gut aus, dass ich anderen dabei helfen kann.

Lehrkräfte als umsichtige Lernhelfer, Lernbegleiter und Lernberater haben jeden Schüler im Blick, nehmen ihn in seiner unverwechselbaren Persönlichkeit wahr, begreifen Heterogenität als Chance und begleiten jedes Kind so, dass seine Kompetenzen weiterentwickelt werden und es zunehmend zum Experten für sein individuelles Lernen wird.

Der Auftrag: Jedes Kind im Blick haben!
Jedes Kind ist anders. Jedes Kind kommt mit einem unverwechselbaren, individuellen Bauplan auf die Welt, durchlebt und durchleidet höchst unterschiedliche Verhältnisse und entwickelt aus vielerlei Erfahrungen und Lernprozessen seine ganz persönlichen Sprach- und Handlungsmuster. Kommen die Kinder dann in die Schule, so sind die Unterschiede in jeder Hinsicht sehr viel größer als die Gemeinsamkeiten. Gemeinsam ist allen Schülerinnen und Schülern, dass sie zeigen wollen, was sie wissen und können. Gemeinsam ist allen, dass sie ihre Lebenswelt wissbegierig begreifen, verstehen und erobern wollen. Gemeinsam ist allen, dass sie dabei auf Lob und Anerkennung warten. Gemeinsam ist allen aber auch, dass sie nur dann lernen, wenn das neuronale Netz in ihrem Kopf mit dem Lernprogramm der Schule individuell verbunden ist, vergleichbar dem Anrufer, der eine persönliche Rufnummer braucht, um sich ins öffentliche Fernsprechnetz einzuwählen bzw. erreichbar zu sein.

Maria Montessoris Grundsatz „Hilf mir, es selbst zu tun" ist und bleibt unübertroffen. Dieser Grundsatz ist nicht aus der Sicht von Eltern formuliert, nicht aus der Sicht von Lehrern oder Erziehern gesagt, nicht aus der Sicht von Soziologen oder Politikern gesprochen. Er ist aus der Sicht von Kindern gedacht und formuliert worden.

Drei Forderungen sind in diesem Satz enthalten:

- Erstens wollen Kinder alles selbst tun. **Selbstständigkeit** ist das erste Schlüsselwort der modernen Pädagogik.
- Zweitens wollen Kinder etwas selbst tun; Sie wollen nicht hören, hören, hören, sondern gehen, laufen, rennen, malen, schneiden, kleben, hämmern, sägen usw. **Selbsttätigkeit** als Grundform des Lernens ist das zweite Schlüsselwort.
- Drittens brauchen Kinder bei der Selbsttätigkeit und beim Handeln Hilfe, aber nur Hilfe zur Selbsthilfe. Das dritte Schlüsselwort ist **Lernhilfe**. Die Schule muss demnach jedem Kind helfen, selbst zu denken, selbst zu arbeiten, selbst zu lernen.

Dieser Grundsatz gilt

- für das Lernen der Schülerinnen und Schüler im Unterricht (Pflichtbereich),
- für den außerunterrichtlichen Bereich (Wahlbereich/Ganztag) und
- für alle Felder, in der die schulische Sozialisation wirksam sein soll, also für die ganze Schule.

Deshalb muss Ihre Schule im Unterricht, in den außerunterrichtlichen Bildungsangeboten und in allen schulischen und außerschulischen Aktivitäten gemeinsame, kooperative und individuelle Lern- und Erlebnissituationen schaffen, die sowohl Selbsttätigkeit und Selbstständigkeit ermöglichen als auch die nötigen Lernhilfen dafür anbieten.
Je älter die Schülerinnen und Schüler sind, desto größer sollte der Anteil des freien Lernens und damit des differenzierenden und individualisierenden Unterrichts sein. Und weil sie lebenslang lernen sollen, müssen sie das selbstständige Lernen nach der Schulzeit trainieren. Je höher die Schulklasse, desto selbstständiger müssen die Schüler lernen.
Schülerinnen und Schüler sind sich durchaus ihrer Stärken und Schwächen bewusst. In einem kompetenzorientierten, individualisierten Unterricht sollten die Anforderungen an ihren Entwicklungsstand so angepasst sein, dass eine wohldosierte und passgenaue Förderung möglich wird.
Dies gelingt dann wenn,

- Ziele festgelegt sind,
- Lernvoraussetzungen sensibel diagnostiziert werden,
- passgenaue Angebote bereitgestellt werden,

- individuelle Förderpläne erstellt werden,
- individuelle Beobachtung, Begleitung und Unterstützung während des Lernprozesses gewährt werden,
- Fehler im Lernprozess als Chance begriffen werden,
- Ergebnisse und Leistungen dialogisch und förderlich überprüft, rückgemeldet und bewertet werden und
- der nächste Lernschritt klar definiert ist.

Dieser nächste Lernschritt folgt wiederum dem Dreischritt:
- Was ist mein Ziel?
- Wie gelange ich dort hin?
- Welches ist der nächste Schritt?

Auf diese Art und Weise können Schülerinnen und Schüler zunehmend ihr individuelles Lernpotenzial optimal ausschöpfen, entfalten und die nächste Stufe ihrer Entwicklung erreichen.
Dieses Vorgehen setzt zwangsläufig eine veränderte Lernkultur an Ihrer Schule voraus. Die Veränderung besteht darin, dass der Blick weniger auf das Lehren, als vielmehr auf das Diagnostizieren und Planen von passgenauen Lernarrangements in einer anregungsreichen Lernumgebung gerichtet wird. Traditionelle Lehrformen erfahren eine Ergänzung durch Formen des individuellen und kooperativen Forderns und Förderns. Lehrkräfte planen und organisieren gezielt das Lernarrangement und beobachten, beschreiben, begleiten und bewerten umsichtig individuelle Lernprozesse. Weil es Aufgabe der Schule ist, Türen in die Zukunft zu öffnen, ist die individuelle Förderung die Kernaufgabe eines zeitgemäßen Unterrichts und einer zukunftsfähigen Schule. Deshalb sind alle Lehrkräfte gefordert, Schülerinnen und Schüler zu befähigen, ihr Lernen selbst zu steuern und zu verantworten. Dazu brauchen alle Lehrkräfte ein hohes Maß an Diagnose-, Sach- und Beratungskompetenz.

Das Kerngeschäft: Guter Unterricht
Das wichtigste Ziel eines Schulprogramms ist die Qualitätsverbesserung des Unterrichts und der Erziehung, also die Optimierung des Lernens, Leistens, Lehrens und Zusammenlebens.
Für die Qualität des Lernens, Unterrichtens und Erziehens ist es wichtig, dass ein Grundkonsens über guten Unterricht herbeigeführt wird. Dann greift das

individualisierende, kooperative und gemeinsame Lernen, Leisten und Lehren dynamisch ineinander und befindet sich je nach Schulfach und Thematik in einem mehr oder weniger ausgewogenen Verhältnis.
Ob Sie Ihre Schule erfolgreich führen, hängt vor allem auch davon ab, ob Sie Ihr Kollegium auf dieses Grundverständnis von Unterricht einschwören können. Nur dann, wenn Ihre Lehrerinnen und Lehrer die alte Rolle des Stoffvermittlers ablegen und sich auf die neue des Lernhelfers, des Lernbegleiters und des Lernberaters einlassen, haben Sie die Chance, Ihre Schule modern zu leiten und zu gestalten.

Damit diese neue Lehr- und Lernkultur zustande kommt, müssen Sie die folgenden Rahmenbedingungen schaffen:

- Das Grundverständnis von Unterricht im Leitbild und im Schulprogramm Ihrer Schule verankern.
- Alle Lehrkräfte in die Rolle des Lernhelfers, Lernbegleiters und Lernberaters durch Fortbildungsmaßnahmen aller Art einüben.
- Eine anregende Lernumgebung und vielfältige Lernarrangements gestalten.

Weil das menschliche Hirn nicht durch Vortrag oder Predigt lernt, sondern durch Erfahrung, ständige Wiederholung und Übung, müssen Sie sowohl Ihre Lehrkräfte als auch Ihre Schülerinnen und Schüler immer wieder in optimierte Lehr- und Lernformen einführen und einüben. Offene Schulstunden für Lehrerinnen und Lehrer, in denen man Kollegen über die Schulter schauen kann, sind wichtiger als Vorträge über neue Lehrverfahren. Praktische methodische Übungen, die sowohl die eigene Lernkompetenz fördern als auch Hilfen für Mitschüler thematisieren, sind für Schülerinnen und Schüler wichtiger als Vorträge über Lernmethoden und Lerntechniken.
Nach John Hattie muss eine gute Lehrerin bzw. ein guter Lehrer den eigenen Unterricht immer auch durch die Augen der Lernenden sehen, sich also ständig selbst evaluieren. Deshalb müssen Lehrerinnen und Lehrer immer wieder versuchen herauszufinden, wie ihr Unterricht wirkt. Ein sehr nützliches und wissenschaftlich fundiertes Werkzeug, das die Wirkung von Lehren und Lernen sichtbar machen kann, ist die EMU – Unterrichtsdiagnostik (http://www.unterrichtsdiagnostik.info/). EMU ist somit zugleich ein effektives Instrument zur Unterrichtsentwicklung, das Stärken und Schwächen verdeutlicht.

Unser Rat: Machen Sie ihr Kollegium mit EMU (Evidenzbasierte Methoden der Unterrichtsdiagnostik und Unterrichtsentwicklung) vertraut. Lassen Sie innerhalb Ihres Kollegiums freiwillige Tandems nach Sympathie bilden. Schaffen Sie die notwendigen Rahmenbedingungen für wechselseitige kollegiale Hospitationen. Fordern Sie von den Schülerinnen und Schülern individuelles Feedback zum Unterricht ein. Räumen Sie Zeit und Raum zur Auswertung und Reflexion des beobachteten Unterrichts ein. Binden Sie allmählich das ganze Kollegium in diesen Prozess ein. Machen Sie so die Entwicklungsprozesse an Ihrer Schule im Hinblick auf die Qualität des Unterrichts sichtbar. Diskutieren Sie beharrlich mit allen Beteiligten über guten Unterricht (Näheres dazu bei Andreas Helmke, Kap. 4.8).

Zusammenfassung

Das Kerngeschäft der Schule ist und bleibt der Unterricht. Das wichtigste Ziel eines Schulprogramms ist die Qualitätsverbesserung des Unterrichts.
Weil jeder Schüler, jede Schülerin anders ist, bestimmt Heterogenität den schulischen Alltag.
Heterogene Lerngruppen erfordern Lehr- und Lernformen, die an den Bedürfnissen jedes einzelnen Schülers orientiert sind.
Gute Schulleiterinnen und Schulleiter schaffen optimale Rahmenbedingungen für einen kompetenzorientierten Unterricht. Sie tragen Sorge, dass die Lernpotenziale aller Schülerinnen und Schüler optimal ausgeschöpft und entfaltet werden. Sie unterstützen und fördern Lehrkräfte in ihrer pädagogischen Arbeit.

10. Gönne dich dir selbst

Entscheidend für dauerhafte Freude an der Arbeit, für nachhaltigen Erfolg im neuen Aufgabenbereich, für belastbare Verbindungen von beruflichem und privatem Leben ist die Erkenntnis, dass niemand auf Dauer anderen Energie geben, anderen helfen, andere anleiten, anderen Rat geben kann, der nicht immer wieder seine eigenen Batterien auflädt. Bei sich selbst sein, sich selbst gönnen – das ist in allen Religionen dieser Welt eine tragende Säule der Nächstenliebe, ein Eckpfeiler für den Dienst am Menschen, denn zur Liebe für den Nächsten gehört auch, mit sich selbst im Reinen zu sein.

Bernhard von Clairvaux (1080–1153: Kirchenlehrer, Abt des Zisterzienserklosters Clairveaux, Kirchenheiliger) schrieb vor über achthundert Jahren an Papst Eugen III. die folgende ernste Mahnung, weil er gehört hatte, dass sein oberster Dienstherr immer wieder mit seinem Amt haderte:

„Wenn also alle Menschen ein Recht auf dich haben, dann sei auch du selbst ein Mensch, der ein Recht auf sich selbst hat. Warum sollst einzig du selbst nichts von dir haben? Wie lange bist du noch ein Geist, der auszieht und nie wieder heimkehrt? Wie lange noch schenkst du allen anderen deine Aufmunterung, nur nicht dir selbst? Bist du dir etwa selbst ein Fremder? Bist du nicht jedem fremd, wenn du dir selbst fremd bist? Ja, wer mit sich selbst schlecht umgeht, wie kann der gut sein? Denke also daran: Gönne dich dir selbst. Ich sage nicht: Tu das immer. Ich sage nicht: Tu das oft. Aber ich sage: Tu es immer wieder."

Gönne dich dir selbst: Dieser Wahlspruch beinhaltet zwei Grundsätze. Erstens muss man sein eigenes Leben bejahen, so wie es einem gegeben ist, mit allen Stärken und Schwächen. Zweitens muss sich jeder die Freiheit nehmen, das eigene Leben und die eigene Arbeit als Teil des Lebens so souverän, so angstfrei, aber auch so verantwortungsbewusst zu gestalten, wie man es – nach ernsthafter Prüfung („Sachen klären, Menschen stärken") – für richtig hält.

10.1 Eine persönliche Erfahrung

Magda Krapp

Du hast viele Jahre Führungsverantwortung getragen und bist jetzt im Ruhestand. Hast du in deiner aktiven Zeit auch Krisen durchlebt?

Gerd Friederich

Und ob! Wer Verantwortung trägt, kommt öfter in Bedrängnis. Aber zweimal war ich tatsächlich in einer sehr kritischen Situation.

Magda Krapp

Was war dein Problem?

Gerd Friederich

Ich war damals noch keine fünfzig und litt an Schlaflosigkeit.

Magda Krapp

Hast du zu viel gearbeitet?

Gerd Friederich

Wahrscheinlich. Nach vielen kleinen Aufregern und einiger Hektik hat sich bei mir eine ungesunde Müdigkeit aufgestaut. Ich war abgespannt und ausgelaugt. Und es kam, wie es kommen musste: Ich konnte nicht mehr abschalten und wurde ruhelos. Die Unruhe machte nicht vor der Schlafzimmertür Halt. Und schließlich habe ich mich Nacht für Nacht ruhelos im Bett herumgeworfen. Es war wie ein Teufelskreis: ruhelos tagsüber – ruhelos nachts – anderntags noch müder und unkonzentrierter. Das Ende vom Lied: Ich hatte Angst vor dem Zubettgehen. Kannst ja sowieso nicht schlafen, redete ich mir ein.

Magda Krapp

Und wie hast du dich wieder aus dem Teufelskreis befreit?

Gerd Friederich

Ich habe ärztliche Hilfe in Anspruch genommen.

Magda Krapp

Du bist zum Hausarzt gegangen und hast ihm dein Leid geklagt?

Gerd Friederich

(Lacht.) Nein, das war viel dramatischer. Der Augenblick denkt mir noch, als wäre er erst gestern gewesen. Ich habe eine Sitzung geleitet. Mir wurde schlecht, mein Puls raste. Ich habe meinem Stellvertreter, der neben mir saß, zugeflüstert, er möge die Leitung übernehmen. Ich bin in die Stadt gerannt und in die nächstbeste ärztliche Praxis hinein. Zufälligerweise sah mich der Arzt durch die Tür kommen. In zwei Sätzen beschrieb ich ihm meinen Zustand. Er hat mir den Puls gemessen, die Herztöne abgehört und dann eine Spritze gegeben.

Magda Krapp

Er hat dir ein Beruhigungsmittel gespritzt?

Gerd Friederich

Vielleicht, ich weiß es nicht mehr. Über eine Stunde lag ich in seiner Praxis auf einer Liege. Dann hat sich der Arzt sehr viel Zeit genommen, obwohl er mich überhaupt nicht kannte. Das klingt unglaublich, aber es war so. Er hat lange mit mir geredet und mir klar gemacht, dass er mich medikamentös ruhig stellen könnte. Aber damit sei gar nichts gewonnen. Ich müsse einiges grundsätzlich ändern, und zwar unter Arbeitsbelastung. Darum schrieb er mich auch nicht krank. Aber er gab mir drei Aufträge: Erstens täglich zur Arbeit gehen. Zweitens die Arbeit anders organisieren. Und drittens mir ein klares Zeitmanagement erarbeiten.

Magda Krapp

Hast du auch Medikamente geschluckt?

Gerd Friederich

Nein, er verordnete mir keine Schlaftabletten, wohl aber empfahl er mir Schlaftees und Hafer-Baldrian-Tinkturen. Außerdem drängte er mich, umgehend eine Entspannungsmethode zu erlernen.

Magda Krapp

Und welche Übungen hast du gemacht?

Gerd Friederich

Er vermittelte mir einen Kompaktkurs zur progressiven Muskelentspannung nach Jacobson. Mit der Methode lernt man, seine Muskeln durch bewusstes An- und Entspannen zu entkrampfen und zur Ruhe zu kommen. Eine CD hat mir jeden Abend geholfen, diese Methode anzuwenden.

Magda Krapp

Und wie schnell konntest du deine Arbeitsweise umstellen?

Gerd Friederich

Ich besuchte den Arzt zweimal in der Woche. Jedes Mal stellte er mir Aufgaben für die nächsten beiden Tage. Zum Beispiel gleich zu Anfang: Schreibtisch komplett leer räumen – anstehende Aufgaben nach Wichtigkeit sortieren und durchnummerierte Liste dazu erstellen – jede erledigte Aufgabe auf der Liste abstreichen – jeden Abend neue Liste erstellen: Welche Arbeiten sind anderntags in welcher Reihenfolge zu erledigen? Ich habe jeden Abend die Muskelentspannungsübungen gemacht. Nach etwa sechs Wochen hatte ich mir einen anderen Arbeits- und Zeitrhythmus angeeignet, ohne einen Tag im Amt zu fehlen.

Magda Krapp

Sehr ungewöhnlich.

Gerd Friederich

War aber so. Der Arzt hatte nämlich zwei Jahre zuvor selbst einen Herzinfarkt überlebt und sich intensiv mit der Frage befasst, wie man den Arbeitstag gestalten muss, damit man gesund bleibt.

Magda Krapp

Du sprachst vorhin von einer zweiten kritischen Situation.

Gerd Friederich

Ich zog mir eine Lungenerkrankung zu.

Magda Krapp

Wie hat sich die auf deine Arbeit ausgewirkt?

Gerd Friederich

Schlimm. Ständiges Husten, schweres Asthma, Atemnot beim Treppensteigen und kleinstem Anstieg im Gelände.

Magda Krapp

Und wie bist du die Krankheit wieder losgeworden?

Gerd Friederich

Gar nicht. Die Lungenprobleme habe ich nach wie vor. Aber mit ärztlicher Hilfe konnte ich die schlimmsten Auswirkungen innerhalb eines Jahres eindämmen. In dieser Zeit wurde ich medikamentös auf meine Krankheit eingestellt. Ohne diese Medikamente geht es bis heute nicht.

Magda Krapp

Hast du die Krise nur mit medizinischer Hilfe überwunden?

Gerd Friederich

Nicht nur. Ich habe dreimal Urlaub in einer Reha gemacht und dort gelernt, wie ich meinen Körper fit halten kann.

Magda Krapp

Und wie sah das Programm aus?

Gerd Friederich

Ich habe in der Atemschulung gelernt, wie man richtig atmet und trotz Atemnot eine Treppe hinaufsteigen kann. Außerdem habe ich meine Trinkgewohnheiten und meine Ernährung radikal umgestellt.

Magda Krapp

Was machst du heute anders als früher?

Gerd Friederich

Ich ernähre mich gesund, esse wenig Fleisch und Wurst, dafür sehr viel Gemüse und Obst. Ich trinke viel, mindestens zwei Liter am Tag, meist Tee und stilles Wasser, und verzichte ganz auf Alkohol. Und ich bewege mich viel. Mithilfe eines Schrittzählers kontrolliere ich das immer wieder.

Im Rahmen eines Taschenbuchs kann man nicht alle Aspekte einer gesunden Lebens- und Arbeitsweise abhandeln. Jeder muss sein eigenes Programm finden, das zu einem selbst und den eigenen Lebensgewohnheiten passt.

Wir wollen hier nur einige zentrale Aspekte aufzählen, die uns aufgrund eigener Erfahrung wichtig sind.

10.2 Körperliche Fitness

- Gute Sitzhaltung (luftgepolstertes Sitzkissen) am Schreibtisch, vor allem am PC. Immer wieder Wechsel ans Stehpult.
- Immer wieder am Schreibtisch oder – besser – im Stehen: bewusstes Atemtraining (Bauchatmung) und Atemgymnastik.
- Konsequent fettarme, vitaminreiche, abwechslungsreiche Ernährung.
- Viel Trinken (selten oder nie Alkohol), Wasser, Tee und Kaffee.
- Regelmäßig Gymnastik und zu Fuß gehen, wann immer möglich.
- Auf Raumtemperatur und Luftfeuchtigkeit achten. Wärme spart Lebensenergie!
- Bewusst auf Körperentspannung und auf positive Grundstimmung achten. Das spart nicht nur Lebensenergie, sondern schont auch die Nerven!
- Immer und immer wieder aufs Neue versuchen, den Tagesablauf nach einem festen Rhythmus zu gestalten.

- Auf erholsamen Schlaf achten und sich von Zeit zu Zeit mit dem Thema „Gesunder Schlaf“ beschäftigen.

10.3 Arbeitsorganisation

Die Organisation von Raum und Zeit ist entscheidend für Ihre Lebensgestaltung und Ihren Arbeitserfolg. Der Arbeitsraum prägt. Darum ist es gut, wenn Sie in Ihr Rektorat Licht und Farbe bringen, die Temperatur und die Luftfeuchtigkeit überwachen und auf angenehme Gestaltung Wert legen. Auch der Zeitablauf prägt. Darum brauchen Sie eine solide Zeitgestaltung, einen verlässlichen Tagesablauf, eine langfristige Zeitplanung und eine auf Miteinander angelegte Arbeitsplanung.

Empfehlungen für den Alltag

- Bevor Sie den Schreibtisch verlassen, sichten Sie, was am nächsten Tag in welcher Dringlichkeit erledigt werden muss. Schreiben Sie das auf und legen Sie es auf den Schreibtisch. Dann müssen Sie zu Hause nicht mehr dran denken.
- Führen Sie nur einen Terminplaner für Ihre privaten und dienstlichen Termine. Tragen Sie ihn immer bei sich, in elektronischer Form oder als Taschenkalender.
- Vor wichtigen Terminen: Hinweis am Vortag im Terminplaner.
- Vor besonderen Ereignissen (z. B. Urlaubsfahrt oder Abgabe eines wichtigen Berichts): Terminsperre am Tag davor, wenn irgend möglich.
- Führen Sie keine Handakten. Geben Sie alle bearbeiteten Vorgänge immer in die Hauptakten. Ihre Mitarbeiter danken es Ihnen.
- Wenn Sie eine Hängeregistratur im Schreibtisch haben: alle Terminsachen, Einladungen usw. unter Tagesdatum (1 bis 31) einsortieren, nicht nach Monaten oder Jahren, sondern wirklich nur nach Tagesdatum. Das hat den Vorteil, dass man immer wieder über Termine der Folgemonate „stolpert“ und rechtzeitig beginnt, sich darauf vorzubereiten (wenn man z. B. einen Bericht abzugeben hat).
- Für alle wiederkehrenden Vorgänge (Schuljahresplanung, Weihnachtspost, Reden, Pressearbeit usw.): Speicherung auf getrennten Speichermedien.
- Einen Tag im Sommer: Schreibtisch und Schrank durchforsten! Vieles, was einem noch vor einiger Zeit wichtig erschien, kann jetzt vernichtet werden. Was wirklich wichtig ist, sollte ins Archiv.

- Arbeitsprinzip: so viel wie möglich sofort vernichten. Keine Ablagenberge auf Schreibtisch oder Fensterbrett! Kein Verschieben auf später!
- Grundgedanke: Was ich nicht im Gedächtnis habe, muss ich auch nicht bei mir aufbewahren. Denn ich kann nur das suchen, von dessen Existenz ich etwas weiß. Alles andere sind Zufallsfunde (nach dem Prinzip „ich ging im Walde ..."); und Suchaktionen sind in einem Archiv erfolgreicher als in vielen Deponien.

10.4 Zeitmanagement

Sich selbst gönnen, bedeutet ja nichts anderes, als regelmäßig Pausen machen und abschalten lernen.

Empfehlungen für den Alltag

- Achten Sie auf Pausen am Tag!
- Schon im Alten Testament ist klar geregelt: Am siebten Tage sollst du ruhen. Wann immer möglich, sollten Sie sich also die Wochenenden frei halten, für sich selbst und für Ihre Familie. Arbeiten Sie von Montag bis Freitag hart. Bereiten Sie sich gegebenenfalls am Samstag auf die kommende Woche vor. Aber nur in Ausnahmefällen und in Krisenzeiten sollten Sie am Wochenende arbeiten. Die wöchentliche Regeneration ist unverzichtbar.
- Im Umkehrschluss bedeutet das aber auch: Belästigen Sie Ihre Mitarbeiterinnen und Mitarbeiter nicht am Wochenende. Weder durch Anruf, noch durch Mail oder auf anderem Weg.
- Wer hart arbeitet, braucht zusätzliche Auszeiten im Jahr. Das haben die Menschen in jahrhundertelanger Erfahrung leidvoll gelernt. Der Erholungsurlaub ist nicht dazu da, Liegengebliebenes aufzuarbeiten. Nur wenn Sie immer wieder Abstand von den Alltagssorgen im Amt gewinnen und neue Kraft schöpfen, werden Sie die Ihnen anvertrauten Menschen führen können.

10.5 Kommunikationsgrundsätze

Siehst du, dass einer trauert,
geh hin und red ihn an!
Kein Herz ist so vermauert,
dass es dir trotzen kann.
Und bist du glücklich, sag's nicht!
Weil kein Mensch dich versteht.
Und bist du elend, klag nicht!
Weil kein Hahn danach kräht.
(E. Ertl)

Der Wachzustand jedes Menschen ist durchschnittlich zu 70 Prozent mit Kommunikation ausgefüllt, davon 9 Prozent schreibend, 16 Prozent lesend, 30 Prozent sprechend und 43 Prozent zuhörend.
Kein Mensch taugt ohne Freude, Glück und Wertschätzung. Freude und Glück können aber nur aufkommen, wenn man weiß, dass man geschätzt wird. Wichtigstes Anliegen Ihrer Kommunikation muss also sein, so oft wie möglich mit den Ihnen anvertrauten Menschen ins Gespräch zu kommen (sprechend und zuhörend, nötigenfalls auch schreibend und lesend) und sie Ihrer Wertschätzung zu versichern. Erwachsene brauchen mindestens so viel Lob und Zuspruch wie Kinder. Vor allem Menschen in Bedrängnis brauchen Zuwendung.

Empfehlungen für den Alltag

- Mit Ihnen anvertrauten Menschen, die schwer krank in der Klinik liegen, sollten sie Kontakt aufnehmen durch Krankenbesuch, Anruf, Brief oder Blumengruß.
- Mitarbeiterinnen und Mitarbeiter, die ein Lob verdient haben, sollten Sie auf geeignete Weise Ihre Wertschätzung zeigen. Vergessen Sie vor allem nicht jene, die täglich ihr Bestes geben und nie auffallen.
- Menschen, die länger als vier Wochen vor Weihnachten krank sind, sollten Sie postalisch oder persönlich (Anruf oder Besuch) gute Genesung wünschen.
- Bei jedem Grußwort, bei jeder Rede, bei jedem öffentlichen Auftritt sollten sie denen, die etwas geleistet haben, Dank sagen. Machen Sie daraus ein festes Ritual.

Unklarheiten in der Kommunikation bewirken Konflikte. Deshalb sollten Sie auf die folgenden Punkte achten:

- Informieren Sie rechtzeitig und breit.
- Machen Sie Ihre Entscheidungen nachvollziehbar.
- Achten Sie auf Gerechtigkeit in all Ihrem Tun.
- Planen Sie bei drohenden Konflikten eine „zweite Verteidigungslinie" ein.
- Legen Sie Gesprächstermine mit Ihren Mitarbeitern und Mitarbeiterinnen langfristig fest.
- Beachten Sie die Grenzen Ihrer Belastbarkeit: Wenn Ihnen jemand, dem Sie Ihre Entscheidung transparent gemacht haben, versichert, er trage Ihre Entscheidung mit oder respektiere sie zumindest, sich dann aber trotzdem Dritten gegenüber distanziert oder despektierlich äußert, dann sollten Sie diesen Menschen zur Rechenschaft ziehen. Doppelzüngigkeit sollten Sie nicht tolerieren.

10.6 Selbstmanagement

Unsere Zeit ist vom Selbstentscheiden und Selbertun geprägt. Selbst sein Geld am Automaten holen, selbst seine Fahrkarte ausdrucken, selbst seine Altersvorsorge wählen, selbst seine Gesundheitsvorsorge gestalten.
Jeder muss deshalb sein eigener Manager sein, sich die Zeit klug einteilen, den Arbeitsplatz gestalten, Anspannungs- und Entspannungsphasen einhalten, ein gedeihliches Arbeitsklima schaffen, seine eigene Fortbildung organisieren, usw.
Man muss immer wieder in sich hineinhorchen und rauskriegen, was man braucht und was man vermisst. Hierzu muss man die eigenen Stärken und Schwächen ehrlich bilanzieren: Was kann ich besonders gut? Wo habe ich größere und kleinere Schwierigkeiten? Dazu setzt man sich nicht an den Schreibtisch und versucht krampfhaft, die letzten zehn oder zwanzig Jahre zu bilanzieren. Viel besser und genauer ist eine solche Selbstevaluation, wenn man sich ein paar Wochen lang jeden Freitagmittag, bevor man die Schule verlässt, auf einem Fragebogen ehrliche Antworten zu Fragen wie diesen notiert: Haben meine Arbeitsorganisation und meine Zeiteinteilung funktioniert? Habe ich den Menschen, die mich angesprochen haben, aufmerksam zugehört? Habe ich Probleme geklärt und Menschen dadurch gestärkt? Habe ich Pausen eingehalten? Habe ich auf körperlichen Ausgleich geachtet? Was kann ich verbessern?

Gehören Sie auch zu jenen Menschen, die für alle anderen immer Zeit haben, aber nicht für sich selbst? Wie sagte doch Bernhard von Clairvaux: „Wenn also alle Menschen ein Recht auf dich haben, dann sei auch du selbst ein Mensch, der ein Recht auf sich selbst hat. Warum sollst einzig du selbst nichts von dir haben?"
Also gönnen Sie sich selbst! Gehen Sie rechtzeitig nach Hause und besuchen Sie sich selbst. Schauen Sie nach, ob Sie bei sich zu Hause sind.

Gute Laune stärkt Ihr Immunsystem
Verlernen Sie das Lachen nicht. Denn Lachen heitert nicht nur Ihre Stimmungslage auf, sondern stärkt auch Ihre körperlichen Abwehrkräfte. Eine medizinische Reihenuntersuchung hat nachgewiesen, dass gut gelaunte Patienten erheblich mehr Antikörper gegen Grippe aufbauen als schlecht gelaunte. Die Forscher vermuten, dass der sogenannte präfrontale Cortex die körpereigene Abwehr beeinflusst. Der präfrontale Cortex ist eine bestimmte Gehirnregion, in der positive und negative Gefühle verarbeitet werden.

11. Kritik und Widerspruch

Wer eine Schule leitet, wirkt immer in die Öffentlichkeit seiner Schulgemeinde hinein und muss sich gefallen lassen, dass jeder Auftritt und jede Handlung kritisch beäugt werden. Kritik heißt wörtlich: Beurteilung, Bewertung, Besprechung, Beanstandung. Ein Kritiker beurteilt und sucht nach unterscheidenden oder entscheidenden Merkmalen. Eine Kritik kann sachlich sein, aber auch unsachlich und damit zuweilen verletzend. Im Kern ist sie jedoch nicht mehr und nicht weniger als eine Einschätzung oder eine Beurteilung. Ein deutsches Sprichwort sagt: Allen Menschen recht getan, ist eine Kunst, die niemand kann. Selbst wenn Sie Tag und Nacht schuften und mit Schülern, Eltern und der gesamten Schulgemeinde sorgsam umgehen, wird es immer Menschen geben, denen Ihre Nase nicht gefällt, die sich nicht wertgeschätzt fühlen, die etwas auszusetzen haben. Bedenken Sie: Wenn der Sieger einer Wahl fünfzig Prozent oder mehr an Zustimmung bekommt, dann muss er immer noch mit vielen Leuten rechnen, die ihm nicht wohl wollen. Darum raten wir Ihnen dringend: Bleiben Sie gelassen, wenn Sie kritisiert werden!

Erwarten Sie bei allem, was Sie tun, keine hundertprozentige Zustimmung. Bleiben Sie sachlich, wenn Sie kritisiert werden! Analysieren Sie vielmehr genau, wer was auszusetzen hat.

11.1 Nicht alles persönlich nehmen

Machen wir ein Gedankenexperiment. Stellen wir uns vor, Sie leiten seit einem Jahr eine große Grundschule und haben mit ihrem Kollegium, ihren Elternvertretern und den Repräsentanten der Gemeinde ein gutes Miteinander erreicht. Sie entschließen sich, den ersten Elternabend für die neuen Erstklässler zu besuchen. Dort werden Sie in eine hitzige Diskussion über die Schreibmethode in der ersten Klasse verwickelt. Ein Vater, er entpuppt sich als Fürsprecher einer kleinen Elterngruppe, verlangt eine andere Ausgangsschrift mit der Begründung, im Fernsehen sei kürzlich berichtet worden, dass der von der Schule beabsichtigte Schreiblehrgang zu Lernstörungen der Kinder führen kann. Ihnen bleibt gar nichts anderes übrig, als das Vorgehen der Erstklasslehrerinnen zu verteidigen, weil Ausgangsschrift und Schreiblehrgang genau so in der GLK vereinbart wurden. Die kleine Elterngruppe um besagten Vater giftet gegen Sie und sucht in den Folgewochen nach weiteren Verbündeten.
Was lernen wir daraus? Erstens werden Sie in der Schule niemals einen gleichbleibend stabilen Zustand erreichen, weil jedes Jahr neue Kinder in Ihre Schule kommen und Sie es mit neuen Eltern zu tun haben. Zweitens ist Kritik in der Schule systemimmanent. Kritik ist immer schon da, bevor Sie überhaupt handeln, weil jeder als Kind die Schule selbst erlebt und zuweilen auch durchlitten hat. Die Arbeit Ihres Kollegiums und Ihr Handeln lösen also auch dann Kritik aus, wenn Ihre Schule gute Arbeit leistet.

Auf Kritik können Sie gelassen reagieren, wenn Sie Ihre Hausaufgaben gemacht haben. Dazu zählen insbesondere:

- Offenheit für anstehende Veränderungen.
- Breite und rechtzeitige Informationen, insbesondere regelmäßige Berichterstattung in den schulischen Gremien.
- Systematische Weiterentwicklung Ihrer Schule durch Unterrichts-, Schul- und Personalentwicklung.
- Teilhabe der Schüler und Eltern an der Gestaltung der Schule, insbesondere gute Zusammenarbeit mit dem Elternbeirat.

- Demokratische Ausgestaltung der Schule und Schaffung von Zuständigkeiten.
- Teamarbeit des Lehrerkollegiums.

Nehmen wir einmal an, die Konzeption Ihrer Schule ist im Eingangsbereich des Schulgebäudes auf mehreren großen Schautafeln dargestellt. Nehmen wir weiter an, jemand beschuldige Ihre Schule oder Sie persönlich, Sie hätten die Weiterentwicklung Ihrer Schule verschlafen oder behindert. Dann werden Sie diesen Kritiker in den Schuleingangsbereich bitten und ihm anhand der Schautafeln erläutern, wie sich Ihre Schule systematisch entwickelt hat und noch weiterentwickelt, und warum zuerst dieser Schritt getan wird und dann erst der nächste.

Anders ist es, wenn die Kritik nicht pauschal, sondern detailliert, ähnlich einer Reklamation in Betrieben, vorgetragen wird. Dann raten wir Ihnen, eine solche *Reklamation* unvoreingenommen wie einen Prüfauftrag anzunehmen. Sie müssen immer damit rechnen, dass eine Detailkritik berechtigt ist. Sachlich sollten Sie sich deshalb solcher Kritik stellen. Gründlich sollten Sie die kritisierten Punkte prüfen. Denn diese Prüfung bietet die Chance, mögliche Schwachstellen zu erkennen und die Arbeit Ihrer Schule zu optimieren.

Denken Sie bitte immer daran: Sie sind nicht nur der Vorgesetzte Ihrer Lehrer, sondern auch der Gesamtverantwortliche gegenüber den Schülern und den Eltern. Deshalb sollten Sie eine „Reklamation" gegen eine Lehrkraft nicht ignorieren oder ungeprüft zurückweisen. Vielleicht ist ein Schüler im Recht – und Sie tun ihm Unrecht, wenn Sie ihm nicht zu seinem Recht verhelfen. Vergessen Sie bitte nicht, dass vor allem Gerechtigkeit von Ihnen erwartet wird. Insbesondere Ihre Schüler wollen gerecht behandelt werden. Sie können Ungerechtigkeiten nicht ausstehen.

11.2 Mit Kritik sachlich umgehen

Wer führt, muss immer im Gespräch mit seinen Weggefährten sein. Ziele vereinbaren, Kollegen aufmuntern, ggf. einem Niedergeschlagenen aufhelfen, aber auch ehrliche Rückmeldung geben – das gehört zur alltäglichen Kommunikation. Dass man als Chefin bzw. Chef Kritik austeilen und Kritik entgegennehmen muss, gehört auch zum Alltag.

Deshalb sind *Kritik üben* und *Kritik entgegennehmen* ganz wichtige Standardsituationen, auf die man sich professionell einstellen muss.

Am Anfang war das Wort, nicht das Bild. In unserer Zeit scheint das zuweilen in Vergessenheit zu geraten, denn übergroß sind die Bildteppiche, die überall ausgelegt sind, in unseren Privatzimmern, in unseren Arbeitsräumen, in unseren Freizeitbereichen. Je mehr wir von Bildern umgeben sind, umso weniger können wir sie verdrängen oder gar bewältigen. Millionen Menschen verstehen die Fernsehnachrichten nicht, weil nicht alles in Bildersprache dargestellt werden kann. Viele nehmen wichtige Informationen nicht mehr auf, weil die optischen Reize die Aufnahmekapazität unseres Gehirns zwar nicht überfordern, aber doch die Reizschwelle nicht mehr überspringen. Nicht wenige Zuschauer verstehen die Fernsehnachrichten am besten, wenn sie die Augen schließen, also die elektronische Bilderflut ausschließen.

Im Wort, im richtigen Wort und nicht im Bild, kommt unsere Meinung zum Ausdruck. Das Hören war vor dem Sehen. Jeder Embryo hört schon die Welt, lange bevor er in sie hineingeboren wird. Unsere Kreativität beginnt mit dem Hören und nicht mit dem Sehen. Die Bilder, die sich unser Hirn aufgrund des Gehörten selbst herstellt, mobilisieren Kreativität. Der von außen aufgezwungene Bilderteppich hüllt ein, lullt ein und verleitet zur Passivität.
Ohne gutes Zuhören erfassen wir die Wirklichkeit nicht. Sie bleibt dann unerhört. Also achten Sie darauf, was und wie etwas gesagt wird. Sie müssen vor allem gut zuhören, wenn Sie ein Problem mit einem Menschen haben oder ein anderer mit Ihnen.

11.3 Kritik üben

- Beklagen Sie sich bei dem, der Ihrer Meinung nach zu kritisieren ist, niemals bei einem Dritten.
- Missbilligen Sie das Verhalten anderer nicht in Gegenwart eines Dritten.
- Vergleichen Sie das Verhalten des Kritisierten nicht mit dem anderer.
- Bringen Sie Ihre Kritik vor, sobald sie können, wenn Sie mit dem Betreffenden allein sind und klar artikulieren können.
- Wenn Sie eine Sache dargelegt haben und der andere sie gewissenhaft erwogen hat, dann bringen Sie sie nicht ein zweites Mal zur Sprache.
- Bemängeln sie nur die Verhaltensweisen, die der Betreffende auch ändern kann.
- Bringen Sie nicht ein ganzes Bündel von Beschwerden auf einmal vor.
- Schicken Sie Ihrer Kritik keine langen Vorreden und Entschuldigungen voraus.

- Vermeiden Sie sarkastische Bemerkungen.
- Hüten Sie sich, dem anderen aus der Luft gegriffene Beweggründe zu unterstellen.
- Vermeiden Sie Wörter wie *immer* und *nie*.
- Wenn Sie den Kritisierten zuvor nicht gelobt oder ihm ein Kompliment gemacht haben, ihm also nicht gezeigt haben, dass er Dinge auch richtig macht, können Sie nicht erwarten, dass er Ihren Vorhaltungen zugänglich ist.

11.4 Kritik entgegennehmen

- Machen Sie keine Zwischenbemerkungen, wenn Sie kritisiert werden, und zeigen Sie, dass Sie zuhören.
- Blicken Sie Ihrem Gegenüber offen ins Gesicht.
- Unter keinen Umständen dürfen Sie die Person, die Sie gerade kritisiert hat, schulmeistern.
- Erwecken Sie nicht den Eindruck, die Kritik werfe Sie zu Boden, aber zeigen Sie, dass Sie die Kritik ernst nehmen.
- Witzeln Sie nicht. Unterbrechen Sie nicht und führen Sie auch nicht fremde Sätze zu Ende.
- Verfälschen Sie die Kritik nicht.
- Wechseln Sie nicht das Thema.
- Lassen Sie nicht durchblicken, Ihrem Kritiker gehe es nur darum, Ihnen etwas am Zeug zu flicken.
- Zeigen Sie Ihrem Kritiker, dass Sie seine Vorhaltungen verstanden haben.
- Strecken Sie als Erster die Hand zur Versöhnung aus.

11.5 Beschwerden und Widersprüche ausräumen

Konflikte sind zwar unvermeidlich. Vermeidbar ist aber, dass zu großer Streit daraus entsteht. Vermeidbar ist auch, dass Sie unvorbereitet in einen Konflikt hineingezogen werden. Machen Sie sich klar, dass Sie als Chefin bzw. Chef der Schule nicht Partei sind, auch nicht automatisch die Auffassung der Lehrerschaft teilen dürfen. Wenn Sie schon Partei ergreifen, dann allenfalls in bestimmten Situationen für Ihre Schüler. Aber ansonsten gilt: Sie sind in einem Konflikt nicht Partei, sondern Schiedsrichter.

Ein Konflikt ist ein Zusammenstoß, eine Auseinandersetzung. Aus einer Meinungsverschiedenheit kann ein Wortgefecht, ein Zank, ein Streit entstehen. Im Extremfall geschieht das, was das Wort Konflikt ursprünglich meint (lateinisch confligere: zusammenschlagen, zu Boden schlagen, in Kampf geraten): Handgreiflichkeiten, Hass, Rache.

So weit darf es wegen einer Beschwerde oder eines Widerspruchs nicht kommen. Sie haben es in der Hand. Nehmen Sie eine Beschwerde, einen Widerspruch ruhig, aber sehr ernst entgegen. Weisen Sie Vorwürfe und Widersprüche nicht vorschnell zurück. Verhalten Sie sich neutral. Nur so kann derjenige, der eine Beschwerde oder einen Widerspruch vorbringt, darauf vertrauen, dass Sie unvoreingenommen das Vorgetragene prüfen. Konflikte – so sagt man zu Recht – soll man da lösen, wo sie entstehen: vor Ort. Wenn Sie sofort Partei ergreifen, bleibt dem Beschwerdeführer doch nur noch die Möglichkeit, Ihren Vorgesetzten um Beistand zu bitten. Wohin soll er sich denn sonst mit seiner anderen Meinung oder seiner Unzufriedenheit wenden? Wenn aufgrund Ihres Verhaltens ein Einwand oder ein Einspruch bei der vorgesetzten Instanz landet, dann müssen Sie es hinnehmen, dass Ihnen der Vorgang entzogen wird.

Bewahren Sie also Ruhe, behalten Sie den Überblick. Bewerten Sie nichts, bevor Sie den Sachverhalt nicht genau kennen. Eine Beschwerde, ein Widerspruch ist nämlich noch lange kein Konflikt, sondern für Sie nicht mehr und nicht weniger als ein *Auftrag*, etwas schnell, sachlich und unparteiisch aufzuklären und ggf. einer sachgerechten und menschenstärkenden Lösung zuzuführen.
Handeln Sie vom ersten Augenblick an professionell, wenn Ihnen jemand einen Streitpunkt, eine Beschwerde oder eine Kritik vorträgt (schriftlich oder mündlich). Wer zu Ihnen mit einem solchen Anliegen kommt oder Ihnen schreibt, der hat schon unruhige Stunden oder Tage hinter sich, ist möglicherweise aufgebracht, sieht sich persönlich verletzt, wähnt sich im Recht. Schon beim allerersten Kontakt müssen sie deshalb beachten:

Unruhe begegnet man am besten mit Ruhe.

- Nervosität und Gereiztheit mit Ruhe begegnen. Unterbrechen Sie den (mündlichen) Beschwerdeführer nicht. Ironisieren Sie nicht. Bagatellisieren Sie nichts. Beachten Sie bitte die Ausführungen zu *Kritik entgegennehmen*, die auch für schriftliche Kritik gilt.
- Sagen Sie oder schreiben Sie, dass Sie sich der Sache vorurteilsfrei annehmen werden, aber dazu beide Seiten hören müssen und deshalb einige Tage bis zur Klärung der Sache benötigen.
- Nehmen Sie die Vorhaltungen zu Protokoll oder bitten Sie den Beschwerdeführer, die Beschwerdepunkte selbst aufzuschreiben.
- Wenn Sie sehr unter Zeitdruck stehen und unvorbereitet mit einer Beschwerde konfrontiert werden, dann bieten Sie dem Beschwerdeführer einen (sehr zeitnahen) Termin zur Aussprache an.
- Sichern sie zu (bei schriftlicher Beschwerde/Kritik: Schreiben Sie zurück, am besten am gleichen Tag), dass Sie sich der Sache umgehend annehmen werden.

Bedenken Sie, dass von Erziehungsprofis anderes zu erwarten ist als von Erziehungslaien. Von Lehrern dürfen Sie erwarten, dass sie in einem Konfliktfall sachlich bleiben. Bei Eltern oder Schülern kann sich Unsicherheit oder Erregung in einer aggressiven Sprache äußern. Sehen Sie darüber hinweg und bleiben Sie dennoch ruhig und sachlich. Wenn Sie die Gegenseite zur Beschwerde anhören, so sind Sie gut beraten, nichts von den Emotionen des Beschwerdeführers weiterzugeben und nur den Inhalt sachlich darzustellen. Denn wenn Sie Emotionen weitergeben, dann ernten Sie auch Emotionen. Die Konfliktschlichtung wird dann komplizierter.

Bevor Sie die Gegenseite anhören, müssen Sie als Schulleiter/in allerdings den Inhalt des Vorgetragenen prüfen bzw. prüfen lassen. Nur wenn Sie das getan haben, können Sie bei der Anhörung gezielte Fragen zum Sachverhalt stellen:

- Beim Zuhören bzw. bei der Lektüre sollten Sie zuerst prüfen, ob es sich wirklich um eine Beschwerde handelt oder nur um eine eher emotional vorgetragene Anfrage.
- Wenn Ihnen Eltern vortragen, dass sie mit der Nichtversetzung ihrer Tochter nicht einverstanden sind, dann ist das kein Konflikt, keine Beschwerde, sondern ein Widerspruch eines Erziehungsberechtigten gegen eine wichtige Einzelentscheidung der Schule, einen sogenannten Verwaltungsakt. Allgemeiner ausgedrückt: Die Schule ist – rechtlich betrachtet – auch

eine Verwaltungsbehörde, die nicht nur, aber auch grundsätzliche Entscheidungen trifft, die für die Schul- und Berufslaufbahn ihrer Schüler große Konsequenzen haben können. Nun haben die obersten Verwaltungsgerichte entschieden, dass alle Institutionen, die Verwaltungsakte erlassen, auch selbst erste Widerspruchsinstanz sind. Für die Schule bedeutet das, dass Sie als Schulleiter/in bzw. das vom Schulrecht vorgesehene Gremium Ihrer Schule Widersprüche gegen die Verweigerung der Schulaufnahme, die Nichtversetzung in erster Instanz selbst zu prüfen haben. Sie dürfen in diesen Fällen nicht auf den Leiter, die Leiterin Ihres Schulamtes oder eine andere Institution in der Schulaufsicht verweisen. Das wäre ein Rechtsverstoß Ihrerseits. Sie selbst bzw. Ihr Gremium muss nach den gleichen Verfahrensregeln, die für die Erstentscheidung gegolten haben, den Widerspruch prüfen: objektiv, faktenbezogen, detailgenau, zeitnah. Wenn der Widerspruch gegen einen Verwaltungsakt bei erneuter Überprüfung durch die Schule nicht erfolgreich ist, dann muss die Schulleitung diesen Widerspruch an die zweite Instanz, an einen Juristen in der Schulaufsicht, weitergeben, der seinerseits die Entscheidung der Schule nochmals prüft. Langer Rede kurzer Sinn: Nicht alles, was sich wie eine Beschwerde anhört, ist auch eine. Sie als Schulleiter müssen nach inhaltlicher Prüfung des Gehörten oder Geschriebenen entscheiden, ob es sich um einen Widerspruch gegen einen Verwaltungsakt Ihrer Schule handelt. Wenn das so sein sollte, so gelten dafür rechtlich festgelegte Verfahren. Wenn Sie im Zweifel sind, so fragen Sie bei Ihrem Schulamt nach oder kontaktieren Ihren Schuljuristen.

- Wenn das, was Ihnen vorgetragen oder geschrieben wurde, kein Widerspruch gegen einen Verwaltungsakt Ihrer Schule ist, dann müssen Sie entscheiden, wie das Vorgebrachte inhaltlich überprüft werden kann: Natürlich müssen Sie selbst oder ein von Ihnen Beauftragter die Gegenseite hören, also den Beschuldigten oder Angegriffenen. Die Anhörung wird oft nicht ausreichen, den Sachverhalt zweifelsfrei zu klären. Darum kann es erforderlich sein, z. B. schriftliche Unterlagen einzusehen, (bei Beschwerden über die Unterrichtsgestaltung) einen Unterrichtsbesuch durchzuführen oder einen Zeugen zu befragen.
- Wenn die Sache aufgeklärt ist, dann ist zu entscheiden, wie die Sache beiden Seiten so mitgeteilt werden kann, dass einerseits der Sachverhalt korrekt mitgeteilt wird und andererseits beide Seiten den geklärten

Sachverhalt respektieren können. In jedem Fall gilt: Wenn Schüler oder Eltern im Recht sind, dann müssen Sie ihnen auch zu ihrem Recht verhelfen.

- Zuweilen liegt einer Beschwerde gar kein Sachverhalt zugrunde, der zweifelsfrei und objektiv mithilfe von Unterlagen, Unterrichtsanalysen u. Ä. geklärt werden kann. Das sind zumeist Beschwerden, die auf Antipathien oder gar Feindschaften beruhen und deshalb kaum zufriedenstellend geklärt werden können.

Zusammenfassung

Unruhe begegnet man am besten mit Ruhe.
Ängste baut man am besten mit sachlicher und menschenstärkender Beratung ab.

12. Eine Rede halten

Weil Sie einer Institution vorstehen, die in die Öffentlichkeit hineinwirkt, sind Reden wichtige Bestandteile Ihres Berufsalltags. Die Kunst liegt allerdings darin, Ihre Botschaft so glaubhaft zu verkünden, dass das Publikum von dem, was Sie sagen, überzeugt ist. Ein guter Redner hat so viel rhetorisches Geschick, dass er sogar die Menschen erreicht, die zweifeln oder anderer Meinung sind. Er trägt nicht nur einen Text vor, sondern zeigt durch körperliche, visuelle und nonverbale Signale, dass er seine Zuhörer mitreißen oder gegebenenfalls beschwichtigen kann.
Die Redekunst ist keinem in die Wiege gelegt, sie ist erlernbar. Ein paar Kniffe muss man schon beherrschen.

12.1 Vorbereitung

Vor jeder Rede sollten Sie sich genau erkundigen:

- Wer wird vor Ihnen sitzen und muss oder möchte Ihnen zuhören? Das ist sehr wichtig. Denn es macht doch einen Unterschied, ob die Zuhörer zur Anwesenheit verpflichtet sind, also eigentlich gar nicht oder eher widerwillig zuhören, oder ob sie freiwillig da sind und sich schon von vornherein für das interessieren, was Sie sagen werden.
- Vor wie vielen Menschen werden Sie reden? Ist das Publikum überschaubar, dann können Sie mit allen im Raum Blickkontakt aufnehmen. Ist es groß, dann müssen Sie sich schon vorher überlegen, wen Sie direkt ansprechen möchten, um Verbindung zu den Zuhörern aufzunehmen.

- Wie ist der Vortragsraum gestaltet?
- Steht ein Rednerpult zur Verfügung, auf dem Sie Ihr Manuskript ablegen können, oder müssen Sie sich anderweitig behelfen?
- Können Sie während der Rede auch Bilder und Grafiken zeigen oder Musik einspielen lassen?
- Wie lange sollen Sie, wollen Sie reden? Bedenken Sie von allem Anfang an: Nicht nur in der Kirche liebt das Publikum kurze Predigten.

Legen Sie sich ein paar bewährte Rhetorik-Handbücher zu, die für die Vorbereitung, den Aufbau und die Redetechnik hilfreich sind. Solche Bücher enthalten auch Musterreden zu allen möglichen Anlässen: Geburtstag, Verabschiedung, Trauerfeier, Dienstjubiläum, Feiern, Versammlungen, Einführungen, Entlassungsfeiern, Gedenktage und Dankesreden.

Bedenken Sie: Der Anfang einer Rede ist von ganz besonderer Bedeutung. Sammeln Sie systematisch (am besten in einer eigenen Datei) aus der Literatur und vor allem aus Reden, die Sie beeindruckt haben, die verschiedensten Möglichkeiten, eine Rede zu eröffnen und zu gestalten.

Machen Sie sich bewusst: Eine Rede ist gesprochene Sprache, kein wissenschaftlicher Aufsatz. Schreiben Sie sich erste Gedanken auf Zettel und sortieren sie diese, bis sich ein roter Faden ergibt. Zeichnen Sie dann die geplante Rede auf. Es gibt inzwischen Spracherkennungsprogramme, die das Gesprochene mit hoher Qualität direkt ins Schreibprogramm Ihres PC schreiben. An diesem Tonprotokoll können Sie nun herumfeilen und vor allem Redelänge und Diktion kontrollieren. Achten Sie auf kurze Sätze. Lassen Sie Wiederholungen stehen. Im Gegensatz zur geschriebenen Sprache kann ein Zuhörer nur durch Mimik, Gesten, Betonungen und Wortwiederholungen erkennen, was Ihnen wichtig ist.

Beachten Sie: Ist Ihre Rede inhaltlich fertig, dann haben Sie erst die erste Hälfte geschafft. Denn jetzt müssen Sie an der geplanten Einwirkung auf Ihre Zuhörer arbeiten: Wollen Sie fröhlich oder traurig klingen, sachlich und beschwingt, mit nachdenklichen Passagen? Sie müssen also an der *Farbe* und *Stimmung* Ihrer Rede feilen. Halten Sie ggf. Ihre Rede im stillen Kämmerchen, vor einem vertrauten Menschen, vor dem Spiegel oder auf einem Spaziergang. Sprechen Sie laut und deutlich. Achten Sie auf Sprechtempo, Pausen und Lautstärke und markieren Sie das ggf. farbig im Text.

Wann immer möglich, sollten Sie Ihre Rede mit Bild- oder Toneinblendungen bereichern. Melodien und Rhythmen erzeugen Stimmungen und beschwingen, Bilder beeindrucken. Viele Redner haben mit bekannten Bildern namhafter Künstler sehr gute Erfahrungen gemacht. Paul Klee zum Beispiel hat wiederholt Viadukte und Brücken gemalt. Seine Werke eignen sich vorzüglich, um einen liebenswerten Menschen, den man in den Ruhestand verabschiedet, als Brückenbauer zu charakterisieren. Und ein Lied oder eine Melodie (ob klassische Musik oder Schlager, spielt dabei keine Rolle), die textlich oder klanglich zum Thema passt, sagt mehr als tausend Worte.

Überlegen Sie, was für eine Rede Sie halten wollen. Denn Sie müssen Ihre Rede dem Anlass anpassen. Jede Ihrer Reden ist anders. In einer Trauerrede sind humorvolle Anspielungen selten angebracht, bei der Schulentlassfeier dagegen höchst erwünscht.

Auch sollten Sie sich über die Vortragsweise im Klaren sein. Wollen Sie eine ausformulierte Rede gekonnt vorlesen (empfiehlt sich, wenn es um komplexe Sachverhalte und entscheidende Argumente geht) oder eine eher freie Rede halten? Als Stichworthilfe können Ihnen dann Stichwortzettel, Tageslichtfolie, Mindmap, Flipchart usw. dienen.

Jede Rede gliedert sich in Einleitung, Hauptteil und Schluss. Bei großen, wichtigen Reden hat es sich bewährt, gleich in der Einleitung zu sagen, was einem am Herzen liegt. Im Hauptteil legt man seine Argumente dar. Und zum Schluss sagt man nochmals, was man für wichtig hält.
Beugen Sie Pannen vor, und bereiten Sie sich zugleich darauf vor. Kontrollieren Sie, ob die Technik funktioniert, und überlegen Sie schon vorher, was Sie sagen könnten, wenn etwas Unvorhergesehenes eintritt. Niemand ist vollkommen! Keine Angst, ein Vortrag muss nicht perfekt sein. Als Redner empfindet man eine Panne meist dramatischer als die Zuhörer. Sollte doch eine größere Panne auftreten, dann bleiben Sie locker. Überbrücken Sie die Irritation mit einem flotten Spruch, den Sie sich vorher überlegt haben. Das sieht nach Schlagfertigkeit aus und bringt Ihnen meist Sympathie ein.

12.2 Einleitung

Zu Beginn Ihrer Rede müssen Sie zweierlei tun: Erstens die Gäste begrüßen, und zweitens Neugier wecken auf das, was Sie im Hauptteil sagen wollen. Begrüßen Sie die Anwesenden so knapp wie irgend möglich! Keine Anwesenheitsliste abarbeiten! Je kürzer Ihre Einleitung, desto geringer die Gefahr, dass Sie die Zuhörer langweilen! Oft beginnen gute Redner nicht mit der Begrüßung, sondern springen sofort mitten in die Thematik. Die Begrüßung holen sie ein paar Sätze später nach.

Hier ein paar bewährte Beispiele für einen unerwarteten Auftakt, die neugierig machen und Brücken zu den Zuhörern schlagen:

- Stellen Sie eine rhetorische Frage, die mitten in Ihr Thema führt (Haben Sie schon einmal darüber nachgedacht …?). Das Publikum horcht auf, und Sie beantworten Ihre Frage selbst – humorvoll, wenn möglich. Dann erst begrüßen Sie das Publikum.
- Gehen Sie auf die Bedeutung des Wochentags (Wenn es ein Mittwoch ist: Heute ist der dritte Tag in dieser Woche; die Zahl 3 steht für …) oder des Datums (bedeutender Jahrestag oder Geburtstag einer berühmten Persönlichkeit, Namenstag eines Heiligen usw.?) ein.
- Nehmen Sie Bezug auf eine Fernsehsendung, die in aller Munde ist.
- Zitieren Sie aus einer Erzählung oder einem Gedicht eines bekannten Schriftstellers.
- Steigen Sie mit einem Gedankenexperiment ein. (Nehmen wir einmal an …! Oder: Was wäre, meine Damen und Herren, wenn …?)
- Zitieren Sie eine gewagte These zu Ihrem Thema, oder stellen Sie selbst eine gewagte These auf.
- Erzählen Sie eine humorvolle Anekdote, die auf Ihr Anliegen hinführt. Sie müssen den Vortrag allerdings üben, damit die Pointe sitzt.
- Präsentieren Sie ein Bild, das zu Ihrem Thema passt, und lassen Sie es kurz wirken, bevor Sie dazu Fragen stellen oder Feststellungen treffen.

Wie auch immer Sie Ihre Rede beginnen: Die ersten Sätze müssen fesseln. Deshalb sollten Sie diese selbst dann schriftlich formulieren, wenn Sie ansonsten frei reden wollen. Nur wenn jedes Wort sitzt und trifft (und kein unnützes Wort fällt), werden alle Blicke auf Sie gerichtet sein.

Wenn Sie nervös sind, dann helfen Ihnen Atemtechniken weiter. Zum Beispiel könnten Sie auf dem Weg ans Rednerpult tief einatmen und beim Ausatmen leise ein Wort vor sich hinsagen. Wenn Sie Pausenzeichen in Ihr Redemanuskript eingefügt haben, wozu wir Ihnen raten, dann holen Sie an diesen Stellen tief Luft und sprechen dann mit etwas tieferer Stimme weiter (zu Hause üben!). Sie könnten beim Gang zum Pult auch leise, aber so tief wie möglich summen und sich kurz an die Brust klopfen. Das hilft, die Stimme zu lösen.

12.3 Hauptteil

Bewährt hat sich, den Hauptteil einer Rede nach der 3-Schritte-Methode aufzubauen:

- Schildern Sie zuerst anschaulich die Ausgangslage.
- Stellen Sie widersprechende Meinungen gegenüber oder zeigen Sie Vor- und Nachteile auf.
- Stellen Sie Lösungsmöglichkeiten dar und begründen Sie, warum die von Ihnen bevorzugte Lösung oder Ansicht die richtige für Ihre Schule ist.

Folgen Sie dem roten Faden, den Sie in der Einleitung eingefädelt haben. Halten Sie die Gliederung strikt ein. Nur so vermeiden Sie Gedankensprünge. Nur so kann Ihnen das Publikum folgen. Wenn Sie einen Sachvortrag halten, dann ist es für Ihre Zuhörer hilfreich, wenn Sie Ihre Gliederung offenlegen. Entweder Sie erläutern kurz, wie Sie vorgehen. Oder Sie präsentieren als Wandbild eine Art Inhaltsverzeichnis, aus dem die Zuhörer ersehen können, wie Sie vorgehen und zu welchem Punkt Sie gerade sprechen.

Wie schon angedeutet, sollten Sie bei der Vorbereitung der Rede einplanen, wie Sie auftreten wollen:

- Wollen Sie informieren oder gar belehren? Dann müssen Sie den Verstand Ihrer Zuhörer ansprechen und auf belegbare Fakten und plausible Beweisführung Wert legen.
- Wollen Sie unterhalten, begeistern oder belustigen? Dann müssen Sie Emotionen bei Ihren Zuhörern wecken und mit ausgewogenen Sätzen viel Geist und Humor versprühen.
- Oder wollen Sie etwas bewegen, voranbringen? Dann müssen Sie Ihr Publikum überzeugen und wachrütteln.

12.4 Schluss

Egal, was Sie vorher gesagt haben, der gute Schluss ziert alles. Er hat die nachhaltigste Wirkung. Dagegen zerstört ein allzu schlichter Abgang die ganze Rede.
Überlegen Sie sich eine gute Geschichte, am besten eine sehr persönliche oder eine witzige. Wenn Ihr Publikum am Ende schmunzelt, haben Sie gewonnen. Wir wünschen Ihnen viel Erfolg!

13. Presse- und Öffentlichkeitsarbeit

Es gibt viele Gründe für sich zu werben – auch als Schule.

Vier Bereiche sind hier für die Schulleitung von Bedeutung:
- Schulkonzeption stets präsent halten;
- Schulhaus und Schulgelände informativ gestalten;
- Öffentlichkeitsarbeit und
- Pressearbeit maßvoll offensiv gestalten.

13.1 Unterrichts- und Schulentwicklung stets präsent halten

Nur dann, wenn Sie die Unterrichts- und Schulentwicklung an Ihrer Schule einer breiten Öffentlichkeit bekannt machen, wirkt das auch auf Ihre Schule zurück. Die in der Schule Arbeitenden und Lernenden kommen in Zugzwang. Die Öffentlichkeit erwartet Ergebnisse.
Also muss eine gute Schulleiterin, ein guter Schulleiter die vereinbarten Konzeptionen „unters Volk bringen". Aber Achtung: Einmal ist keinmal – ein Hinweis genügt nicht. Menschen sind vergesslich. Deshalb muss man auf die wichtigen Punkte immer und immer wieder hinweisen. Nur so bleiben sie im Bewusstsein des Schulpublikums und des Lehrerkollegiums. Ein paar bewährte Mittel:
- Auf einem DIN-A4-Blatt die Unterrichts- und Schulkonzeption kurz darstellen und als Faltblatt in Taschenformat allen Besuchern und Interessierten anbieten.
- Auf DIN-A0-Tafeln im Eingangsbereich des Schulhauses die Konzeption in Wort und Bild darstellen.

- Der Schule – wenn noch nicht geschehen – einen Namen geben, beispielsweise den Namen einer Persönlichkeit, die für die Schule stehen kann. Diese Persönlichkeit auf einer Schautafel im Schulhaus vorstellen. Den Namenspatron bei jedem Schulfest, bei jeder Feier und in jeder Informationsbroschüre erwähnen und/oder zitieren.
- In Elternbriefen und Infobroschüren der Schule den aktuellen Stand der Unterrichts- und Schulentwicklung darstellen und die nächsten Schritte erläutern.
- Im Gemeindeboten die Konzeption darlegen und über die Schularbeit regelmäßig berichten.
- Regelmäßig Schulnachrichten den Tageszeitungen als Pressemitteilungen anbieten und dabei auf die aktuelle Unterrichts- und Schulkonzeption Bezug nehmen.
- Bei jeder Schulanmeldung den Erziehungsberechtigten u.a. auch eine Kurzbeschreibung der Unterrichts- und Schulkonzeption aushändigen.
- Auf der Homepage der Schule die Unterrichts- und Schulkonzeption beschreiben und regelmäßig aktualisieren.

13.2 Schulhaus und Schulgelände informativ gestalten

Den ***Weg zur Schule*** sollten Sie kritisch überprüfen. Ist er ausgeschildert? Ist Ihre Schule – wenn keine Wegweiser vorhanden sind – einfach zu finden? Wenn nicht, warum gibt es keine Wegweiser? Gerade wenn Sie eine gute Bildungsarbeit machen und immer wieder Gäste in Ihre Schule einladen wollen, sollten Sie beim Schulträger Hinweisschilder zu Ihrer Schule beantragen.

Fragen Sie immer wieder Besucher, ob sie den Weg zur Schule problemlos gefunden haben. Fragen Sie auch, ob die Orientierung im Schulhaus leicht fällt. Gehen Sie mit Gästen, deren Urteil Ihnen etwas bedeutet, zum ***(Haupt-) Eingang der Schule*** und bitten Sie um Beurteilung und Verbesserungsvorschläge. Wenn man täglich durch dieselbe Türe geht, dann ist man möglicherweise nicht mehr so aufmerksam wie ein Fremder, der zum ersten oder zweiten Mal zu Besuch ist. Wenn Ihre Schule mehrere Eingänge hat: Ist der Haupteingang gekennzeichnet? Findet man von den Nebeneingängen problemlos zum Haupteingang und zu allen zentralen Stellen im Schulgebäude?

Eine Lehrerin beschwerte sich: „Ich sollte eine bestimmte Schule in … aufsuchen. Die Schule lag in einem Schulzentrum, umgeben von anderen Schulen und mehreren Behörden. Weder von außen noch im Eingangsbereich des Gebäudes war zu erkennen, um welche Schule es sich handelte. Auch keinerlei Hinweis auf das Rektorat oder Schulsekretariat war zu finden. Über diese hochnäsige und arrogante Behandlung von Gästen habe ich mich geärgert."

Ein Einzelfall? Leider nein! Also prüfen Sie immer wieder: Welche Informationen braucht ein Besucher, wenn er Ihr Schulgelände und Ihr Schulhaus betritt?

In den **Eingangsbereich** gehören nach unserer Meinung:

- Name der Schule, vielleicht in Verbindung mit einem Willkommensgruß, z. B. „Willkommen in der .... Schule", auffällig in der Glastüre angebracht. Hat die Schule einen Namenspatron, dann gehört es sich, diesen auf einer Tafel kurz zu porträtieren. Besonders aufmerksam und gastfreundlich sind jene Schulen, die im Rektorat oder Sekretariat den Besuchern einen Zettel aushändigen, auf dem Näheres über den Namenspatron zu lesen steht.
- Großformatige Schautafeln zur Unterrichts- und Schulkonzeption.
- Besonders gelungen: eine Schautafel, auf der mit Fotos alle Klassen mit Klassenlehrerinnen und -lehrer sowie alle weiteren in der Schule Arbeitenden (Elternbeiratsvorsitzende, Schulsekretärin, Hausmeister, Lehrbeauftragte, Reinigungspersonal usw.) vorgestellt werden.
- Unverzichtbar sind Hinweisschilder zur Schulleitung, zum Lehrerzimmer usw.
- Vor öffentlichen Veranstaltungen (z. B. Weihnachtsfeier, Jahresabschlussfeier) sollten Sie – wenn das Schulhaus unübersichtlich ist – prüfen, ob eine mobile Hinweistafel hilfreich ist, z. B. so: „Willkommen zu unserer Jahresabschlussfeier". Ein Hinweispfeil führt die Besucher gleich in die richtige Richtung.

Wenn Schulgelände und Schulhaus unübersichtlich sind, dann sollten Sie sich für ein ***gutes Wegweisersystem*** entscheiden. Schreiben Sie dazu einen Schülerwettbewerb aus. Oder bitten Sie Lehrkräfte und Eltern um Vorschläge. Viele Gäste verirren sich an fremden Orten. Je komplexer ein Gebäude ist, desto wichtiger ist es, die räumlichen Funktionen sichtbar zu machen. Eindeutige Farbcodierung und Piktogramme schaffen Klarheit und Übersicht. Schwarze Schrift auf gelbem Grund z. B. markiert wichtige Informationen, denn Gelb ist eine alarmierende Farbe. Gelbe Schrift auf schwarzem oder grauem Grund eignet sich eher für Informationen ohne Dringlichkeit. Auch Piktogramme müssen eindeutig sein. Ein gerader Pfeil weist geradeaus und nicht nach oben. Also sollten Sie, wenn Sie z. B. auf ein oberes Stockwerk verweisen wollen, den Pfeil mit dem Piktogramm „Treppe" kombinieren. Vergessen Sie bitte niemals, dass die Atmosphäre in Ihrer Schule entscheidend ist für den Lernerfolg Ihrer Schülerinnen und Schüler und den Arbeitserfolg Ihrer Lehrerinnen und Lehrer. Vor allem aber ist die von Ihnen geschaffene Atmosphäre, und dazu gehört auch die Raumatmosphäre, entscheidend für Ihren Führungserfolg. Deshalb sollten Sie diejenigen Hauptflure und Hauptwege, die Schüler, Lehrer und Gäste besonders oft begehen, ansprechend gestalten (lassen). Denken Sie bitte auch hier ans Delegieren: Übertragen Sie diese Aufgabe einem Lehrer(team) und einer bestimmten Klassenstufe.

13.3 Öffentlichkeitsarbeit

Die Öffentlichkeitsarbeit ist in allen Bundesländern eine Pflichtaufgabe. Sie ist für Schulen wie für alle öffentlichen Institutionen nicht in das Belieben gestellt, sondern gesetzlich geregelt (Pressegesetz, Richtlinien zur Informationspolitik, Beamten- und Schulgesetze usw.).
Auch sollten Sie bedenken, dass die Information der Eltern und der interessierten Öffentlichkeit eine Bringschuld der Schule ist. Weil Schulpflicht für Eltern und Schüler herrscht, hat die Schule „im Gegenzug" die Pflicht, Eltern und Gemeinde über das, was in der Schule geschieht, in Kenntnis zu setzen. Ein wichtiges Instrument bei der Öffentlichkeitsarbeit ist die „Schulbroschüre", der „Schulflyer" oder die „Homepage" im Internet, sofern sie regelmäßige Informationen über Aktivitäten, Personen und Termine gibt. Eine Homepage, die einmal im Jahr aktualisiert wird, ist keine.

Sie stehen in der Öffentlichkeit - zeigen Sie, was Sie tun!

Bedenken Sie die folgenden Punkte:

- Überschaubarkeit ist eine Mindestanforderung an Pädagogen: Die Öffentlichkeitsarbeit beginnt bei Ihnen im Rektorat (z. B. wenn Sie Besuch empfangen) und endet nicht vor der Schultüre. Gestalten Sie also die Schule, das

Schulgelände und alles, was von Ihrer Schule in die Schulgemeinde hineingetragen wird, überschaubar.

- Schönheit spricht das Herz an und wirkt im Stillen (Goethe). Da, wo Kinder erzogen werden, ist Schönheit oberstes Gebot. Sie wirkt wie ein geheimer Lehrplan. Also gestalten Sie nicht nur Ihre Schulkonzeption, vergessen Sie bitte nicht die Ästhetik in Ihrem Schulhaus. Außerdem: Schönheit bändigt allen Zorn (Goethe).
- Briefkontakte – menschliche Folgen bedenken: Büttenpapier für die Schulpost? Gewiss nicht. Aber mit Reklamezetteln vom Supermarkt sollten Ihr Brief- und Ihr Faxpapier auch nicht konkurrieren. Briefkopf (Wappen oder Logo?) und Briefstil sollten ansprechend und niveauvoll sein. Vermeiden Sie pädagogische Schrottvokabeln (z. B. „GLK, Bio, Mathe, Kumi" usw.).
- Telefon – greifbare Bürgernähe: Schlechte oder unaufmerksame Behandlung am Telefon verärgert. Rufen Sie gelegentlich von auswärts Ihre Schule an und achten Sie darauf: Wer meldet sich? Wie meldet er/sie sich (Dienststelle, persönlicher Name – Reihenfolge)? Klangfarbe, Sprechweise, Verständlichkeit?
- Sage mir, wie du aussiehst, und ich sage dir, wer du bist: Schulleiter und Lehrkräfte sind Botschafter Ihrer Schule. Walter Kempowski, Schriftsteller und Grundschullehrer, beschreibt das so: „Darum bin ich in der Schule auch nicht salopp, sondern solide angezogen. Ich trage oft sogar Schlips und Jackett, übrigens viel öfter als bei meinen Lesungen als Buchautor, wegen des guten Bildes auf meine Schüler und weil ich weiß, dass die Kinder es mögen, wenn man sich fein macht."
- Recht muss sein: In allen Schulgesetzen der Bundesländer vertritt der Schulleiter bzw. die Schulleiterin die Schule nach außen. Nach dem Pressegesetz steht der Schulleitung allein das Presserecht für alle schulrelevanten Sachverhalte zu. Während der Schulleiter, die Schulleiterin die Öffentlichkeitsarbeit ganz oder teilweise an Mitarbeiterinnen und Mitarbeiter delegieren kann, ist die Delegation der Pressearbeit nur eingeschränkt möglich. Ob Öffentlichkeits- oder Pressearbeit, in jedem Fall aber gilt: Alles, was das Schulhaus verlässt und offiziellen Charakter hat, muss letztlich von der Schulleitung verantwortet werden. Nicht jeder darf z. B. Zugang zum Dienstsiegel oder zum offiziellen Briefpapier haben.

13.4 Pressearbeit

Zwei Grundsätze sollten Ihre Pressearbeit bestimmen:

- Maßvoll offensiv. Weder dem Grundsatz huldigen „Es gibt nichts älteres als eine Zeitung von gestern", noch nach dem Prinzip handeln „Jeden Tag einmal in der Zeitung, am besten mit Foto".
- Zwischen Tabu und Toleranz. Möglichkeiten und Grenzen einer Pressearbeit mit Augenmaß genau ausloten.

Nützen Sie die verschiedenen Formen der Pressearbeit aus:

- Beantwortung von Anfragen der Presse: Zwar ist die mündliche Antwort schneller gegeben als die schriftliche. Aber die schriftliche hat mehrere Vorteile: Man kann kaum falsch verstanden werden. Man wird nicht unvollständig oder falsch zitiert. Man macht auch keine unbedachte Äußerung. Man hat einen Beleg über seine Auskunft in der Hand.
- Pressemitteilung: Bei Schulveranstaltungen erbittet die Zeitung von Ihnen einen Pressetext, weil z. B. kein Redakteur Ihr Schulfest besuchen kann. Nicht nur erbetene Mitteilungen sollten Sie an die Presse geben. Prüfen Sie mehrmals im Jahr, ob eine besondere Aktivität, eine herausragende Schülerleistung (z. B. bei einem hochrangigen Schülerwettbewerb) oder sonst ein wichtiges Schulereignis veröffentlicht werden sollte.
- Pressegespräch: Zu wichtigen Ereignissen oder Aktivitäten, insbesondere zu informativen oder publikumswirksamen Höhepunkten im Schuljahr, sollten Sie Journalisten an Ihre Schule einladen.
- Leserbrief: Nur dann zu empfehlen, wenn Ihnen keine andere Möglichkeit (z. B. durch Pressegespräch oder abgedruckte Pressemitteilung) geboten wird, einen in der Öffentlichkeit falsch dargestellten Sachverhalt richtigzustellen.

Bedenken Sie bei allen Auskünften und Mitteilungen an die Presse:

- Keine Fachbegriffe und Abkürzungen gebrauchen.
- Personen mit Vor- und Zunamen (ohne „Herr" und „Frau") benennen.
- Keine Eigenprofilierung der Schulleitung. Die Presse hat nicht die Aufgabe der Hofberichterstattung.
- Verschwiegenheit dort, wo Personaldaten verlangt werden oder ein schwebendes Verfahren ansteht.

- Offenheit in allen übrigen Fragen, aber „nicht auslaufen" und sich nicht als Plaudertasche profilieren. Nur beantworten, was gefragt wurde.
- Bei der Wahrheit bleiben, auch dann, wenn es Negatives zu berichten gibt.
- Keine hohen Erwartungen: Der Pressebericht fällt immer knapper aus als erwartet. Eine schulische Darstellung im Verhältnis 1:1 in der Zeitung wiederzugeben, ist nicht Aufgabe der Presse.
- An die Folgen denken: Vorsicht ist bei Pressemitteilungen und Presseauskünften geboten, die Rechte von Bürgern, Institutionen oder Unternehmen beeinträchtigen könnten.

Zusammenfassung
Öffentlichkeits- und Pressearbeit erfordert nicht die Anwendung einer Summe von Paragrafen, sondern den Einsatz von Geist und Herz – der Schule zuliebe.

14. Was machen gute Schulleiterinnen und Schulleiter anders?

14.1 Das Geheimnis der Pädagogik ist das Vertrauen

In einer Zeit zunehmender Anonymität und schwindender Transparenz kommt es nahezu zwangsläufig zu einem Vertrauensschwund, der über das gesunde Misstrauen hinausgeht und vor Vertrauensseligkeit warnt.
Das pädagogische Verhältnis, also die Beziehungen zwischen Lehrern und Schülern, kann notfalls auf vieles verzichten, niemals aber auf das Vertrauensverhältnis, weil jede echte Erziehung wesentlich darauf gegründet ist.
Wenn aber die Lehrer-Schüler-Beziehung ohne Vertrauen nicht gedeihen kann, dann kann auch die Beziehung unter den Lehrkräften, die gemeinsam für die Erziehung eines Schülers verantwortlich sind, nicht ohne gegenseitiges Vertrauen auskommen.
Und wenn sich die Lehrer-Lehrer-Beziehung nicht ohne Vertrauen entfalten kann, dann muss auch das Verhältnis der Schulleitung zum Lehrerkollegium auf Vertrauen gegründet werden, genau wie das zu den Schülern und den Eltern.
Zur Anbahnung und Erhaltung eines echten Vertrauensverhältnisses ist es unerlässlich, dass jeder und jede, trotz der nicht ausbleibenden Enttäuschun-

gen, immer wieder bereit ist, von sich aus jene innere Kraft ins Spiel zu bringen, die eigene Vorstellung und Planung, eigene Auffassung und Position infrage stellt.
Sie sollten also Ihren Kolleginnen und Kollegen Vertrauen schenken und ihnen Zuständigkeiten und Verantwortung übertragen, denn Vertrauen beflügelt.

> **Nichts motiviert so, verpflichtet so,**
> **schweißt so zusammen wie Vertrauen.**
> Gerd Friederich

14.2 Was gute Schulleiterinnen und Schulleiter anders machen

Gute Schulleiterinnen und gute Schulleiter

- sind offene, authentische, glaubwürdige und überzeugende Persönlichkeiten, die über ein breites Spektrum an Kompetenzen verfügen.
- Sie bauen Vertrauen zu allen am Schulleben Beteiligten auf, üben Gerechtigkeit und Güte und praktizieren eine Kultur der gegenseitigen Wertschätzung.
- Sie pflegen die Gemeinsamkeit und fördern sowohl die Teamentwicklung im Kollegium als auch die Zusammenarbeit innerhalb und außerhalb der ganzen Schulgemeinschaft.
- Sie informieren, kommunizieren, kooperieren, moderieren umsichtig und machen Ziele und Entscheidungen stets transparent. Sie sind verständnisvoll zu den Menschen, aber konsequent in der Sache.
- Sie vereinbaren klare Strukturen und Zuständigkeiten und definieren verbindliche Arbeitsabläufe. Sie verankern Bewährtes und sind offen für Neues.
- Sie schaffen optimale Rahmenbedingungen für einen kompetenzorientierten, datenbasierten, wissenschaftlich fundierten Unterricht, in dem gemeinsames, kooperatives und individualisiertes Lernen, Leisten und Lehren umgesetzt wird. Sie tragen Sorge, dass die Lernpotenziale aller Schülerinnen und Schüler durch individuelle Förderung bestmöglich ausgeschöpft und entfaltet werden.
- Sie fördern und fordern Lehrerinnen und Lehrer stärkeorientiert, unterstützen sie in ihrer pädagogischen Arbeit und entwickeln eine Fortbildungskonzeption, die die Bedürfnisse der einzelnen Lehrkraft mit dem Bedarf der Schule in Einklang bringt.

- Sie entwickeln auf der Grundlage demokratischer Strukturen und dialogischer Verfahren eine gemeinsame Vision von guter Schule und gutem Unterricht und setzen alles daran, Bildung und Erziehung zum Wohle der Heranwachsenden zukunftsfähig zu gestalten. Schulentwicklung verstehen sie als gemeinsame Reise zu einem anvisierten Ziel.

14.3 Gutes Gelingen

Der Straßenkehrer Beppo erzählt in Michael Endes Märchenroman „Momo" der kleinen Momo aus seinem Alltag: „Manchmal hat man eine lange Straße vor sich. Man denkt, die ist so schrecklich lang; das kann man niemals schaffen, denkt man. Und dann fängt man an, sich zu beeilen. Und man beeilt sich immer mehr. Jedes Mal, wenn man aufblickt, sieht man, dass es gar nicht weniger wird, was noch vor einem liegt. Und man strengt sich noch mehr an, man kriegt es mit der Angst, und zum Schluss ist man ganz außer Puste und kann nicht mehr. Und die Straße liegt immer noch vor einem. So darf man es nicht machen." Beppo dachte einige Zeit nach. Dann sprach er weiter: „Man darf nie an die ganze Straße auf einmal denken, verstehst du?", zu Momo gewandt, „man muss nur an den nächsten Schritt denken, an den nächsten Atemzug, an den nächsten Besenstrich. Und immer wieder nur an den nächsten." Wieder hielt Beppo inne und überlegte, ehe er hinzufügte: "Dann macht es Freude; das ist wichtig, dann macht man seine Sache gut. Und so soll es sein." Und abermals nach einer langen Pause fuhr er fort: „Auf einmal merkt man, dass man Schritt für Schritt die ganze Straße gemacht hat. Man hat gar nicht gemerkt wie, und man ist nicht außer Puste." (Michael Ende: Momo. Neuausgabe, Stuttgart, 2005.)

Der Weg, die Straße sind die großen Symbole des Lebens und des Suchens. Menschen, die sich auf den Weg machen, verfolgen ein Ziel. Ihnen ist bewusst, dass ihre Reise auch scheitern kann. Aber wenn sie ihren Weg Schritt für Schritt gehen, sich auch durch gelegentliche Irr-, Um- und Abwege nicht beirren lassen, dann kommen sie an ihren Bestimmungsort.
Erfolgreiche Schulleiter sind immer gute Reiseleiter. Sie wissen um die Beschwerlichkeit des Weges, sie kümmern sich um eine besonnene Reisevorbereitung und um das Wohlergehen aller Reisegenossen. Sie jammern nicht in einer Tour, sondern sorgen für reibungslose Organisation, halten das Kollegium bei Laune und sprechen Mut zu. Sie haben ein Gespür für Menschen,

sind kontaktfreudig und sensibel für die Gruppendynamik, bemühen sich um eine positive Ausstrahlung und achten ihre Mitstreiter. Und, vor allem, haben sie Geduld.

15. Die letzten 100 Tage im Amt

„Wie jede Blüte welkt und jede Jugend
dem Alter weicht, blüht jede Lebensstufe,
blüht jede Weisheit auch und jede Tugend
zu ihrer Zeit und darf nicht ewig dauern.
Es muss das Herz bei jedem Lebensrufe
bereit zum Abschied sein und Neubeginne,
um sich in Tapferkeit und ohne Trauern
in andre, neue Bindungen zu geben.
Und jedem Anfang wohnt ein Zauber inne,
der uns beschützt und der uns hilft, zu leben."
(Hermann Hesse: „Stufen", Berlin 2011)

So wie der Anfang eines neuen Führungsamtes seinen Reiz hat und gestaltet sein muss, so muss man sich auch rechtzeitig Gedanken darüber machen, wie man erhobenen Hauptes aus dem Amt geht. Das erste Kriterium: der richtige Zeitpunkt. Warten Sie nicht, bis man Sie aus dem Amt drängt. Das zweite Kriterium: die richtige Einstellung. Gehen Sie nicht abrupt und mit Getöse aus dem Amt, sondern heiter und beschwingt – auch wenn es Ihnen schwerfallen sollte. Das dritte Kriterium: der richtige Abgang. Den Abgang muss man auch organisatorisch vorbereiten, denn nach Ihnen geht die Welt nicht unter.

15.1 Der richtige Zeitpunkt

Vielleicht werden Sie sich fragen: Was soll ich denn mit der Frage anfangen? Mein Abgang ist gesetzlich festgelegt: der Tag meiner Zurruhesetzung. Richtig, so ist das meistens. Meistens, weil immer noch die Frage für Sie bleibt, ob Sie nicht doch mit Pensionsabschlag ein oder zwei Jahre früher in den Ruhestand gehen wollen. Wägen Sie den Gewinn an Freiheit und Arbeitsentlastung sorgfältig mit dem finanziellen Nachteil der etwas geringeren Pension ab. Hören Sie in sich hinein: Geht es mir wirklich gut? Nehme ich mein

Führungsamt noch gerne wahr? Und fragen Sie Ihre Familie und Ihre besten Freunde um Rat.

Eigentlich sollte, so meinen wir, jedes Führungsamt in einer Demokratie auf Zeit vergeben werden. In vielen Ländern dieser Welt ist das auch so. Nach zwei, spätestens nach drei „Wahlperioden" wird die Autorität vieler auf Zeit gewählten Führungspersönlichkeiten in Zweifel gezogen. Dass die Autorität der meisten Führenden, ob befristet oder „unbefristet" ins Amt bestellt, nach einer gewissen Zeit in Frage steht, davon können Sie getrost ausgehen, auch wenn Sie vielleicht meinen, an Ihnen werde keine Kritik geübt. Warum sollten ausgerechnet Sie dem Verschleiß im Amt und dem Verlust an Amtsautorität nicht unterworfen sein?

Wenn das aber so ist, dann sollten Sie sich, wenn Sie sich mit der Frage der Amtsübergabe befassen, eher für einen früheren Zeitpunkt entscheiden.

15.2 Die richtige Einstellung

Beantworten Sie sich sehr frühzeitig (mindestens eineinhalb bis zwei Jahre vor Amtsabgabe) die folgenden Fragen (am besten schriftlich):

- Wie gestalte ich mein Leben nach meiner Schulleiterzeit?
- Wie soll meine Verabschiedung aus dem Amt erfolgen?
- Was will, was muss ich in meinen letzten Amtstagen erledigen?
- Wie begegne ich künftig meinem bisherigen Kollegium?

Stecken Sie nicht den Kopf in den Sand. Hoffen Sie nicht darauf, dass sich das Ende Ihres Führungsamtes und die Amtsübergabe von allein fügen werden. Stellen Sie sich immer wieder ganz konkret vor, was sie von Montag bis Freitag ohne Führungsamt tun werden? Denken Sie bitte nicht, dass sich auch das schon finden werde. Wann Sie vom Führungsamt in den Ruhestand wechseln wollen, das sollten Sie Ihrer vorgesetzten Dienststelle mindestens ein Jahr vorab mitteilen. Nur so können Sie sicher sein, dass Ihre Nachfolge geklärt ist, wenn Sie gehen. Lassen Sie aber die Finger davon, über Ihre Nachfolge bestimmen zu wollen. Mischen Sie sich hier nicht ein. Tun Sie dagegen alles – zumindest alles, was in Ihrer Macht steht, dass Sie Ihr Amt nahtlos an eine Nachfolgerin bzw. einen Nachfolger übergeben können. Wenn Sie eine solche Mitteilung ein Jahr vor Ihrer Amtsübergabe abgeben sollten, dann müssen Sie vor diesem Zeitpunkt bereits konkrete Antworten auf die gerade genannten Fragen gefunden haben.

Die meisten Fort- und Weiterbildungseinrichtungen bieten Tagungen zum Thema „Was mache ich im Ruhestand?" an. Wenn Sie schon nicht an einer solchen Veranstaltung teilnehmen wollen, so sollten Sie sich zumindest erkundigen oder in Büchern nachlesen, wie Sie die „führungslose" Zeit nach Ihrer Amtsabgabe gestalten können. Sie meinen, das sei nichts für Sie? Hoffentlich täuschen Sie sich nicht. Wir haben nicht nur einmal Konflikte schlichten müssen, die entstanden sind, weil der Amtsvorgänger „nicht loslassen" konnte. Einmal haben wir sogar einem Schulleiter Hausverbot für seine frühere Schule erteilen müssen. Er hatte vor der Amtsübergabe – natürlich ohne Wissen seines Nachfolgers – einen Nachschlüssel zum Rektorat fertigen lassen und saß heimlich an Wochenenden oder in den Schulferien öfter in „seinem" Rektorat. Mit Zeitunglesen, Einkaufen, Gartenarbeit und gelegentlichen Schwimmbadbesuchen lässt sich kein Leben gestalten und schon gar nicht ein munterer Geist zufriedenstellen. Also müssen Sie sich nicht Tage, nicht Monate, sondern eher Jahre vor Ihrer Zurruhesetzung allmählich in neue Aufgaben hineindenken und hineinarbeiten, die Sie nach der Rektoratsabgabe konsequent betreiben können und die alle „wichtigen" Teile in Ihrem Körper und Geist beweglich erhalten.
In vielen kirchlichen Einrichtungen gab und gibt es nach wie vor die Regelung, dass ein Pfarrer mindestens ein Jahr nach Amtsübergabe seine Pfarrei nicht besuchen darf. Dem Sinne nach sollten auch Sie sich daran halten. Erleichtern Sie Ihrem Nachfolger bzw. Ihrer Nachfolgerin die Arbeit. Wenn Ihr Rat gefragt ist, wird man Sie anfragen. Ansonsten gilt: neue Wege gehen und das Amt nur besuchen, wenn Sie eingeladen sind.

Wenn Sie an die Stätte Ihres früheren Wirkens zurückkehren, dann sollten Sie sich so zurückhaltend wie möglich verhalten. Erwarten Sie keinen euphorischen Empfang. Schon ein, zwei Jahre nach Ihrer Amtsübergabe hat sich der Alltag an Ihrer früheren Wirkungsstätte so verändert, dass man Ihre Fragen insgeheim oftmals nur mitleidig belächelt.
Mehrmals haben wir schon beobachtet, dass frühere Führungspersönlichkeiten bei Festen und Feiern vergeblich in den ersten Zuschauerreihen nach „ihrem" reservierten Ehrenplatz gesucht haben. Deshalb raten wir Ihnen: Stellen Sie sich rechtzeitig innerlich darauf ein, dass Ihre Meinung nach Amtsabgabe dienstlich nicht mehr zählt und dass Sie keinen Ehrenplatz mehr beanspruchen können.

Der eiserne Grundsatz für Sie muss lauten: Die Arbeit meines Nachfolgers bzw. meiner Nachfolgerin ist für mich tabu.

15.3 Der richtige Abgang

Vergegenwärtigen Sie sich, wie Sie Ihr Amt begonnen haben. Beachten Sie, dass Ihr Nachfolger seine Persönlichkeit von allem Anfang an zur Geltung bringen muss. Deshalb ist Ihre wichtigste Aufgabe: Räumen Sie Ihren Schreibtisch und Ihre Schränke leer. Hängen Sie Ihre Bilder ab. Ihr Nachfolger kann mit Ihren privaten Notizen nichts anfangen. Ihr Nachfolger muss Ihre Handaktenführung nicht gut heißen. Ihr Nachfolger hat mit Sicherheit nicht denselben Geschmack wie Sie. Also sorgen Sie bitte dafür, dass Ihr Nachfolger „sein" Dienstzimmer von allem Anfang an so einrichten kann, wie er das möchte.

16. Literatur

Dies ist eine Auswahlbibliografie. Nur die Literatur, die uns für dieses Buch besonders wichtig war, haben wir hier verzeichnet.

Basis-Bibliothek Schulleitung: Das Grundwissen für Schulleiterinnen und Schulleiter. (5 Taschenbuchbände.) Beltz Verlag 2011.

Bennis, Warren: Führen lernen. Führungskräfte werden gemacht, nicht geboren. Wilhelm Heyne Verlag 1990.

Bennis, Warren/Nanus, Burt: Führungskräfte. Die vier Schlüsselstrategien erfolgreichen Führens. Wilhelm Heyne Verlag 1985.

Buchen, Herbert/ Rolff, Hans-Günter (Hrsg.): Professionswissen Schulleitung. 3. Auflage. Beltz-Verlag 2013.

Buhren, Claus G./Rolff, Hans-Günter/Neumann, Svenja: Das Handwerkszeug für die Schulleitung: Management – Moderation – Methoden. Beltz Verlag 2013.

Capaul, Roman/ Seitz, Hans: Schulführung und Schulentwicklung. Theoretische Grundlagen und Empfehlungen für die Praxis. 3. Auflage. Haupt-Verlag 2011.

Cube, Felix von: Lust an Leistung. Die Naturgesetze der Führung. Piper Verlag 2002.

Dammann, Maja: Als Schulleiter neu im Amt: Ihr Begleiter für das erste Jahr in der Schulleitung. 6. Auflage. Raabe-Verlag 2012. (Auch als E-Book bei Kindle-Edition.)

Dubs, Rolf: Die Führung einer Schule. Leadership und Management. Franz Steiner Verlag 1994.

Erpenbeck, John: Werte als Kompetenzkerne. In: Adam, Thomas/Müller, Ulrich/ Schweizer, GErd (Hrsg.): Wert und Werte im Bildungsmanagement. Bertelsmann Verlag 2010.

Forster, Diederika/Waterkamp, Ulrike: Systemisch denken – Schule erfolgreich leiten. Carl Auer 2014.

Grün, Anselm: Menschen führen – Leben wecken. 6. Auflage. Vier-Türme-Verlag 2004.

Harnischfeger, Alfred: Schule leiten: Neue Wege gehen und sie anderen zumuten. Verlag Debus Pädagogik 2013.

Hattie, John/Zierer, Klaus/Beywl, Wolfgang: Lernen sichtbar machen für Lehrpersonen: Überarbeitete deutschsprachige Ausgabe von „Visible Learning for Teachers". Schneider Verlag 2014.

Helmke, Andreas: Unterrichtsqualität und Lehrerprofessionalität. 5. Auflage. Kallmeyer Verlag 2014.

Hentig, Hartmut von: Die Schule neu denken. 3. Auflage. Carl Hanser Verlag 1994.

Herrmann, Peter: Einführung in das systemische Schulmanagement. Auer-Verlag 2014.

Hiebl, Petra/Seitz, Simone u.a.: Wegweiser Schulleitung. (Taschenbuch mit Kopiervorlagen auf CD.) Cornelsen Verlag 2014.

Kipp, Heinz/Gruel, Hans Joachim: Vom Lehrer zum Schulleiter. Carl Link Verlag 2014.

Kirsten-Schmidt, Hans Peter: Schule leiten von A bis Z – Konferenzen. Cornelsen Verlag Scriptor 2014.

Knoll, Ulrich: Schuljahr – Der ganz normale Wahnsinn: Erlebnisse eines Schulleiters. Verlag Schwarzkopf & Schwarzkopf 2014.

Kohlhaas, Heidi: Schulleitung an der Grundschule: Checklisten, Formulare und Vorlagen für alle Aufgaben im Schuljahr (1. bis 4. Klasse). Persen-Verlag 2014.

Kotter, John/Rathgeber, Holger: Das Pinguin-Prinzip. Droemer-Verlag 2006.

Krisenpläne nach Gefährdungsbereichen. Handlungshilfen für Schulleiter in Baden-Württemberg. Hrsg. vom Kultusministerium Baden-Württemberg. Jedermann-Verlag 2012.

Lindemann, Holger: Unternehmen Schule: Organisation und Führung in Schule und Unterricht. Verlag Vandenhoeck & Ruprecht 2010.

Lohmann, Armin: Effektiv Schule führen! Wie Schulleitungshandeln die Schul- und Unterrichtsqualität steigert. Carl Link Verlag 2013.

Lundin, Stephen C./Paul, Harry/Christensen, John: Fish! Noch mehr Fish! Dreimal ungewöhnliche Motivation in einem Band. Redline Wirtschaftsverlag 2013.

Lungershausen, Helmut (Hrsg.): Neu in der Schulleitung: Ein Wegweiser für den erfolgreichen Start. 2. Auflage. Carl Link Verlag 2012.

Mahlmann, Regina: Führungsstile flexibel anwenden. Mitarbeiterorientiert, situativ und authentisch führen. Weinheim und Basel: Beltz Verlag 2002.

Malik, Fredmund: Führen, Leisten, Leben. Wirksames Management für eine neue Welt. Campus Verlag 2014.

Mittelstädt, Holger/Dathe, Holger: Schulmanagement. Schule leiten von A bis Z – Unterrichtsqualität: Cornelsen Verlag 2014.

Pfundtner, Raimund: Grundwissen Schulleitung. Carl Link Verlag 2014.

Quadbeck-Seeger: Der Wandel allein ist das Beständige. Zitate und Gedanken für innovative Führungskräfte. Weinheim: Verlag Wiley-VCH 2002.

Schwab, Gabriele: Schulleitung in Österreich – gestern und heute. VDM Verlag Dr. Müller 2011.

Sievers, Alexandra: Bestnoten als Redner! 29 Reden für Schulleiter zu den wichtigsten Anlässen im Schuljahr. VNR-Verlag 2010.

Whitaker, Todd: Was gute Schulleiter anders machen: 15 Dinge, auf die es wirklich ankommt. Beltz Verlag 2010.

Quellenverzeichnis:

S. 10: Zitat Franz Kafka: Tagebücher, Band 3, 1914-1923. Fischer Taschenbuch Verlag 2008, Eintrag vom 16. September 1920.

S. 11: Zitat François de La Rochefoucauld: Maximes et reflexions morales, herausgegeben von Jürgen von Stackelberg, Reclam 2012.

S. 16: Statistik Schulleitungen in Deutschland © Statistisches Bundesamt (Destatis), 2021.

Vervielfältigung und Verbreitung, auch auszugsweise, mit Quellennachweis gestattet.

S. 28: Arabisches Sprichwort, Quelle unbekannt.

S. 72: St. Katharinen Hamburg: Predigt von Hauptpastorin und Pröpstin Dr. Ulrike Murmann Christvesper, Heiligabend 2006, Ev.-Luth. Hauptkirche St. Katharinen 2006.

S. 73: Men trust their eyes more than their ears in: Fantham, Elaine: Seneca. Selected Letters, Letter 6 (Book 1.6.) Oxford University Press 2010.

S. 80: <Nach dem Originalzitat: Auf drei Dingen beruht die Welt: auf dem Recht, der Wahrheit und dem Frieden" (I, 18) in Bernhard Lang: Sprüche der Väter. Das Weisheitsbuch im Talmud. Reclam 2020.

S. 153: Michael Ende: Momo © 1973, 2005 Thienemann-Esslinger Verlag, © VG Wort

S. 154: Hesse, Hermann: : Stufen. In: Hesse, Hermann: Stufen. Ausgewählte Gedichte. Insel Verlag 2011, © VG Wort

Einen Kranich falten

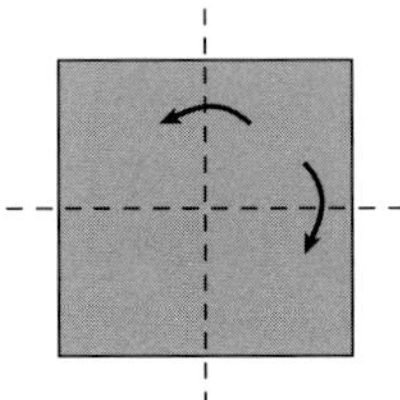

1.
Nehmen Sie ein quadratisches Blatt Papier bzw. ein Origamipapier, falten Sie dieses von oben nach unten und rechts nach links zu Hälften und öffnen Sie diese wieder.

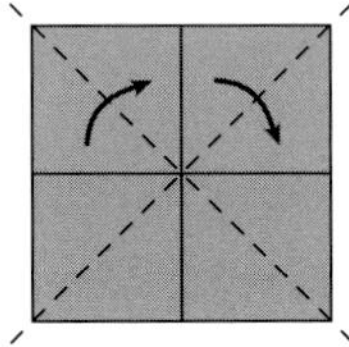

2.
Falten Sie nun das Origamipapier noch an beiden Diagonalen. Wenn Sie das Papier dann öffnen, sehen Sie einen Stern.

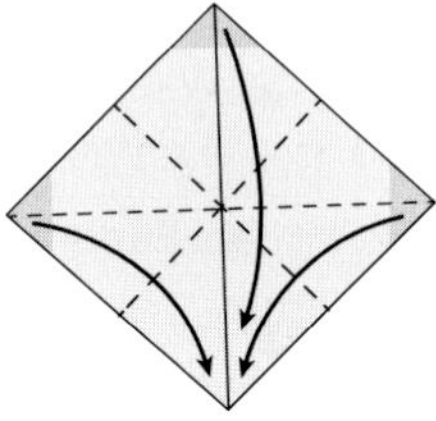

3.
Legen Sie das Blatt mit einer Spitze nach unten vor sich hin.
Nehmen Sie nun die rechte Spitze am Falz der Diagonalen und legen diese halbe Spitze auf die rechte Hälfte der unteren Spitze. Ebenso verfahren Sie mit der linken Spitze. Dann kommt die obere Spitze auf den anderen zu liegen.

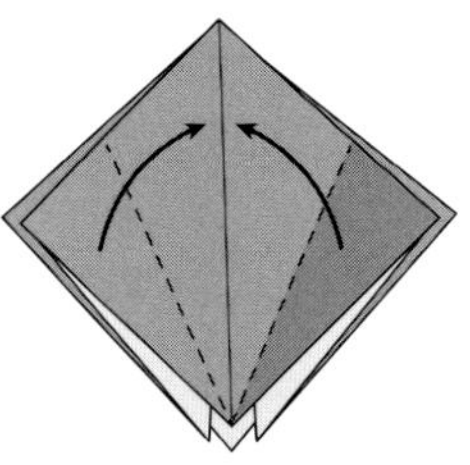

4.
Die vordere rechte Spitze zur Mitte falten, sodass die Außenkante auf der Mittellinie liegt. Die linke Seite knicken Sie nun genauso.

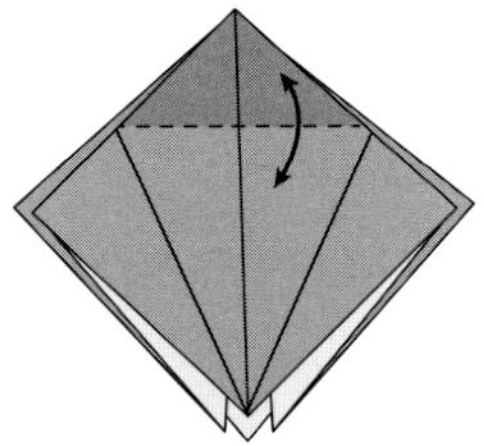

5.
Die obere Ecke nun nach unten umlegen und alles erneut öffnen.

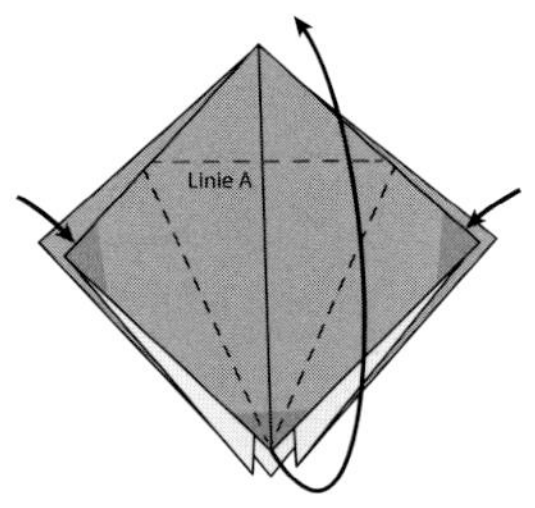

6.
Die untere Ecke der obersten Papierschicht nach oben, an der waagerechten Linie knicken und die Seiten nach innen legen.

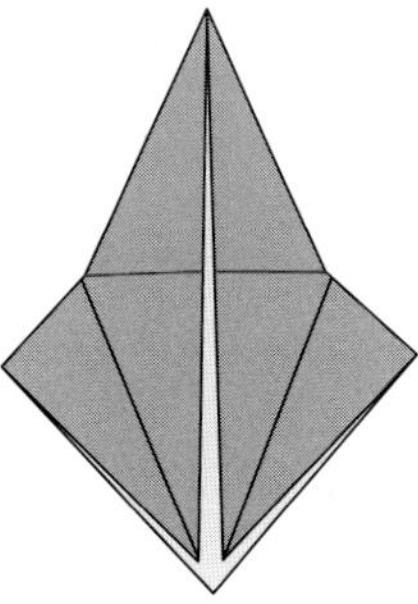

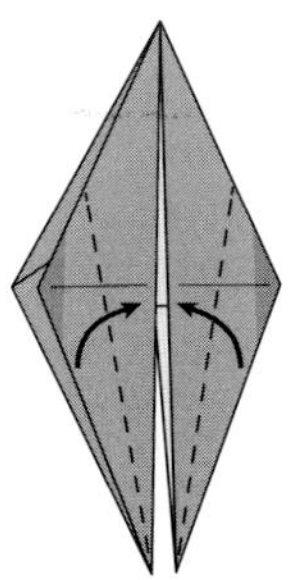

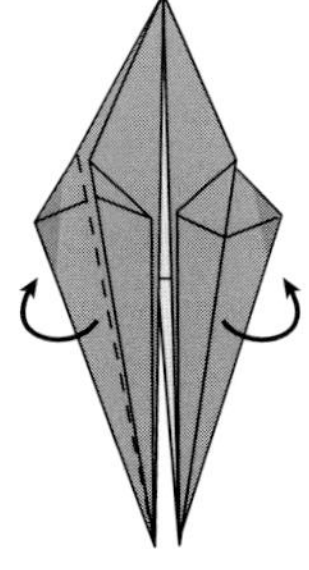

7.
Falten Sie nun die Rückseite genauso wie oben dargestellt, sodass die Figur insgesamt wie eine Raute aussieht.

8.
Die Außenkanten der oberen Papierschicht im unteren Teil der Figur nun von links und rechts zur Mitte hin falten. Die Rückseite ebenso falten.

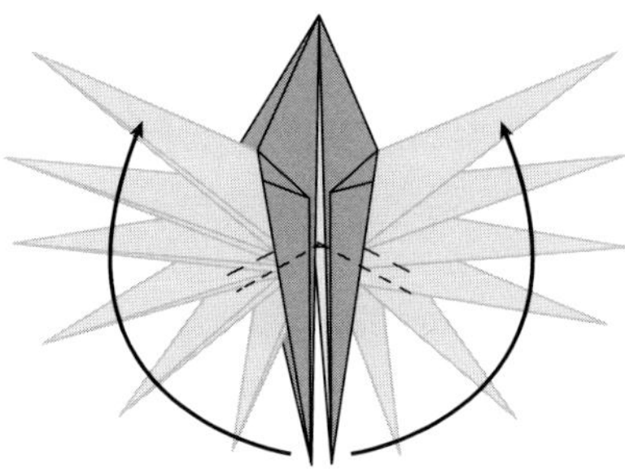

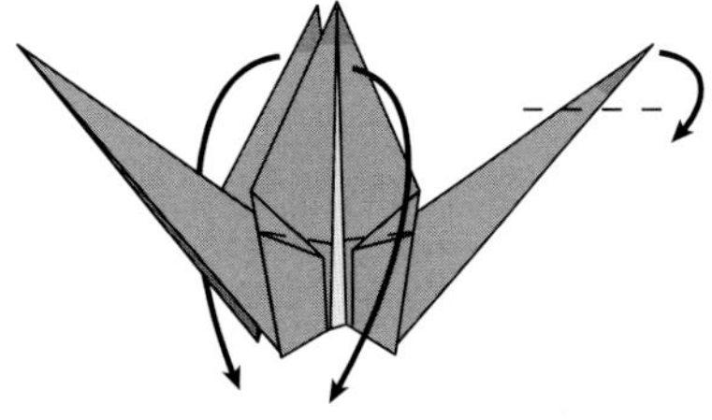

9.
Öffnen Sie die rechte Seite und ziehen Sie die Spitze nach oben, sodass der Hals entsteht. Gleiches machen Sie links für den Schwanz.

10.
Falten Sie die obere vordere Spitze nach unten zum Flügel. Ebenso auf der Rückseite.

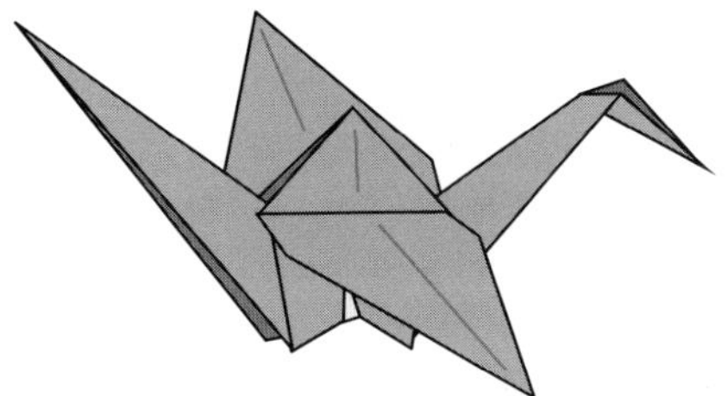

11.
Knicken Sie nun einen Zacken um, sodass der Kopf entsteht.